STORIES OF CHINESE-
STYLE MANAGEMENT

段俊平◎著

中国管理往事

马云与吕布的管理江湖

新世界出版社
NEW WORLD PRESS

图书在版编目（CIP）数据

中国管理往事/段俊平著．—北京：新世界出版社，2015.2（2015.7重印）
（中国化管理系列丛书）
ISBN 978-7-5104-5296-3

I．①中… II．①段… III．①管理学－思想史－中国 IV．①C93-092

中国版本图书馆CIP数据核字(2015)第035469号

中国管理往事

策　　划：李晨曦
作　　者：段俊平
责任编辑：李晨曦　张杰楠
责任校对：彭玉凤
插画设计：张砚钧
责任印制：李一鸣　黄厚清
出版发行：新世界出版社
社　　址：北京西城区百万庄大街24号(100037)
发 行 部：(010)6899 5968　(010)6899 8705（传真）
总 编 室：(010)6899 5424　(010)6832 6679（传真）
http://www.nwp.cn
http://www.newworld-press.com
版 权 部：+8610 6899 6306
版权部电子信箱：frank@nwp.com.cn
印　　刷：北京亚通印刷有限责任公司
经　　销：新华书店
开　　本：880×1230　1/32
字　　数：130千字　　印　张：6.75
版　　次：2015年3月第1版　2015年7月第3次印刷
书　　号：ISBN 978-7-5104-5296-3
定　　价：36.00元

CONTENTS | 目录

序

中国智慧中蕴含的管理之道

著名企业家李嘉诚在谈到“企业管理理念是什么”时说：“我的管理理念是把流畅的中国传统哲学思维模式与西方理性的科学管理相结合。”通用汽车公司前CEO杰克·韦尔奇则说：“你简直无法想象让人们变得简单是一件多么困难的事情。他们恐惧简单，唯恐一旦自己变得简单就会被人说成是头脑简单。而现实中事实正相反，那些思路清楚、坚韧不拔、有能力、有成就的人们正是最简单的人！”他的这一理念与中国“大道至简”的哲学思想暗合。纵观中西方的成功企业，其管理理念都绕不开中国传统哲学智慧，即使是没有专门研究过中国传统哲学，也常异曲同工地应用了中国传统哲学智慧。

作为国学研究者和管理领域专家，笔者于20世纪90年代成立爱维龙媒管理咨询集团，立足于中国传统文化和西方的管理学，经过多年的研究，建立了一整套适合中国企业的管理模式，我们称之为“中国化管理模式”。我们认为，中国的传统哲学智慧就是中国企业家管理企业的“道”，而西方的管理科学则是管理的“器”。中国化管理模式就是根据中国社会的特点和中国企业的具体情况，把中国传承了几千年的优秀哲学思维模式引入企业管理中，用中国人的哲学思想来管理中国人，从而使中国企业在扬弃的理念下更好地消化和吸收西方科学的管理模式。中国化管理理论一经推出，立刻成为许多企业争相引入的管理模式，目前已使上百家企业受益。在探索“中国化管理模式”的过程中，笔者在全国100多种报纸、杂志上发表了数百篇专论，其中一些文章被收录进一些大学管理学的教材。此外，笔者还先后出版了《企业幸福力——EAP中国化与幸福管理》《传承的力量》《大道行简——中国化管理哲学36则》等阐述中国化管理之道的畅销书，在中国管理界引起了较大反响。不过，以上几本书都偏重于对中国化管理的理论探索。

于是，一个新课题就摆在了我们面前，即如何继承我们古圣先贤的实践智慧。其实，人类的一切思想认知都是在“从实践中来，再到实践中去”的往复过程中逐渐形成的，鲜活生动的历史人物和历史故事是了解中国文化和中国思想智慧的最好途径。

我们知道，早在几千年前的氏族社会，被孔子称为帝王师表的尧、舜、禹就构建了相对完善而又独特的管理国家和人民的方式。在尧帝时期，老百姓就唱出了《击壤歌》，歌中那种“无为而治”和百姓幸福自由的生活状态足以说明当时的治国理念深入民心。尧帝没有把王位传给自己的儿子丹朱，而是禅让给了舜。为了考察舜的人品和才能，他还把两个女儿许配给了舜。经过几年的考察和培养，舜帝也成为与尧一样伟大的帝王。这种选拔人才和培养接班人的方式就连我们现代人也很难做到。后来的禹帝则不仅制伏了泛滥的水灾，还用治水的理念治理国家，用顺其自然、以人为本和天人合一的方法治国，开创了鼎盛的夏王朝。尧、舜、禹等明君的治国故事和治国理念深深影响了孔子、老子及其他先秦诸子的思想。

可以说，五千年的中华文化史就是一部中华民族的故事史和总结故事的思想史。而我们在学习中国文化思想史的同时，必须了解中国传统思想智慧产生的历史背景和背景中的人和事，这样才能全面深刻地理解这些思想的真正内涵，从而把这些思想智慧应用到实践中去，成为知行合一的践行者。这些中国传统思想智慧是中国当代管理者的镜鉴。

纵观中华数千年来的历史,在众多历史事件和历史故事中，有成功的也有失败的，但无论失败还是成功，都是古人留给我们的宝贵财富。随着岁月的推移，这些历史故事如同黄河、长江之水滋养着每个华夏子孙，使我们更好地前行。中国的历史故事很多都是中华文化中的儒、释、道及其他哲学思想的反映和体现。儒家的“以人为本”，道家的“顺应天道”，佛家的“思辨”，孙子兵法中的“伐谋、伐交”，墨家的“融合”，以及法家的“法、术、势的辩证关系”，都是在这些活生生的古代故事中体现和反映出来的，这些故事本身就是中华民族智慧的结晶。有鉴于此，我们选取了中国历史上的32个典故加以论述和点评，并抚今追昔，结合现代人物进行比较，以求更好地将中华文化的思想精髓应用于管理实践中。例如，《马云与吕布的管理江湖》就是把看似乱了朝代的两个人物——三国名将吕布及中国现代著名企业家代表马云展开对比论述，道出管理的真谛。为了适应现代读者的阅读习惯，32篇文章尽量做到通俗易懂，言简意赅，并辅以漫画，使枯燥的管理理论鲜活生动起来。

我们相信，随着中国经济实力的不断增强和中国企业的不断壮大，以中国传统哲学智慧为核心的中国化管理的理论实践和探索，为中国管理理论能够在世界管理学中占有一席之地提供了可能性，我们应该在这条路上大胆实践下去，并总结出相关的理论体系，这应是中国企业家和管理学者最崇高的使命和责任。

本书中的观点只是一家之言，难免有疏漏之处，旨在引起百家争鸣，更好地推动中国化管理的研究和应用，欢迎各界人士共同探讨。

段俊平

中国管理往事

01

《击壤歌》唱出五千年前的中国管理往事

众所周知，管理学是从近代西方兴起的学科，在追求效率和管理的流程化等方面，西方早已产生了一套体系严密的管理理论，西方的管理学可以说是一种追求标准化、制度化的科学。从古希腊时代开始，西方就脱离了血缘纽带与农业社会形态，进入城邦文明，形成契约化与法制化的社会。近代资本主义社会更是引入工业社会与民主政治的模式，在此基础之上，建构了现代管理体制。且西方有完整的宗教体系和哲学体系，西方的管理科学有着注重逻辑、崇尚实证的理性精神。

中国的传统文化与西方截然不同，中国社会几千年来是血缘宗法制的社会，靠人伦道德而非法律和宗教来维系，中国文化中的儒家文化起着宗教作用，但严格意义上来讲，儒家文化是一种伦理道德的哲学体系，不具备宗教的神圣性，所以中国人没有与某种神仙构成契约关系，而中国人敬畏的是天，是自然，中国人追求的是天人合一和天人和谐。中国人没有一个共同的、不可逾越的神来约束自己的行为，中国人追求的是格物致知，追求的是自我修炼和慎独。

在上述两种不同的文化土壤中，采取的管理方式是不相同的。中国从几千年前的氏族时代就构建了独特的管理方式，孔子所敬仰的尧、舜、禹之所以被人们传颂，就是因为他们顺应中华民族的深层心理来管理教化民众，这是他们成为中国几千年来被传颂效仿的最杰出的管理者的关键。

传说在尧的管理下，人们一边劳作，一边唱着《击壤歌》："日出而作，日入而息。凿井而饮，耕田而食。帝力于我何有哉？"这首歌出自《帝王世纪》。《帝王世纪》记载：帝尧之世，天下大和，百姓无事。有八九十老人，击壤而歌。这首歌谣是在尧时代，一位八九十岁的老人在田间唱的，意思是：太阳升起就起来劳动，太阳下山就休息；凿井可以取水饮用，耕田劳作获取食物；帝王的力量大小与我有何关系？歌谣描绘的是在上古尧时代的太平盛世，人们过着无忧无虑的生活，太阳出来就开始干活，太阳落下就回家休息，开凿井泉就有水饮，耕种田地就有饭吃，最后一句"帝力于我何有哉"，表达出人们自给自足、衣食无忧的生活是靠自己的

这才是管理的最高境界！
管理
我就是一种地的，日出而作，日落而息，帝王的权力大小与我没关系。我是打酱油的！

劳动得来的，而君王对此并没有什么作用。在中国的文化中，管理的最高境界就是百姓很快乐和幸福，做着自己该做的事情，而感觉不到管理者的存在。**尧帝的《击壤歌》唱出的是管理的最高境界，即每个被管理者都能做到自动自发而感觉不到管理者的存在，并且每个被管理者都是幸福的**。

中华民族是一个传统的农业民族，中国人敬仰的是孕育万物的天与地。天不但被赋予了抚育万物、奉养人类的属性，也逐渐被赋予了道德比类与审美观赏的属性。人们向天地学习如何做人，将天地看作拥有最高权威且默默无言的管理者。中国人把天对人类的管理思考总结，应用于人与人之间的管理中去。因为天是广义的，天无处不在，又缥缈无形，天的管理就是人人自动自发，又人人感觉不到它的存在。中国自古的管理者一直顺应这个文化基因来进行管理，否则不但达不到管理目的，甚至还会自取灭亡。秦始皇企图用杀戮和烈火来消灭积淀的思想文化，用自己的方式来独断管理，却落得秦国传承不到三代而亡，为天下笑。之后几乎每代皇帝都会在诏书中再三提到唐虞之治，表示自己不敢丢弃祖先传统于不顾。直到清代，统治者自知为外族，更加尊重效仿中原文化，以此来治理国家。民族文化与管理的关系，这个天的管理法则被中国的伟大哲学家老子定义为“无为而治”。

老子在《道德经》中说：“是以圣人处无为之事，行不言之教；万物作而弗始，生而弗有，为而弗恃，功成而不居。”这其实就是管理的最高境界，似乎感觉管理者每日无为，无欲无言，但是因为他的管理，世间和谐自然，人民每日安居生活，根本想不到有管理者在进行管理，管理者的身份被隐去。老子强调返璞归真的自然管理，强调“不争”，这种“不争”和“无为”不是无所事事，而是以不争为争，“为无为”。他倾向于无为无造的自然状态，崇尚水的德行，曲直随形地实施管理手段，严格地保护这种纯净的自然状态，不用一些人工的技巧自作聪明地去加以破坏。管理的最高境界就是让人感觉不出在管理。

尧帝的《击壤歌》被老子智慧地总结为“无为而治”，为中国人指明了一条最根本的管理道路。在竞争得你死我活、硝烟弥漫的商场上，管理者最好的做法就是回归自我，保持人格独立，明白一切都在不停地转化，最自然、最朴素的管理方式也许就是最长久的方法。被誉为日本“经营之神”的松下幸之助就是运用尧帝和老子“无为而治”的管理思想管理企业而获得成功的。当有人问松下“你的经营秘诀是什么”时，他强调：“我并没有什么秘诀，我经营的唯一方法是经常顺应自然的法则去做事。”松下这里所说的自然的法则其实就是老子“无为而治”的另一种表述。GE 前掌门人杰克·韦尔奇也认为，成功的企业家就是做到“无为而治”的企业家。他在《胜者为王》这本书中指出，领导走到一旁，充分放手，进行观望的企业家是最好的企业家。

苹果的创始人乔布斯走了，但苹果的市值一直平稳，经营有条不紊，新产品的上市和研发不受任何影响。人们在谈论乔布斯时，大都赞美其卓越的创新力和天分，而忽略了他本人离开企业后，虽然企业受一些影响，但只是微乎其微的影响这种无为的管理境界。

在当今之中国，第一代企业家已步入老年，其治理下的企业帝国是否能顺利地接班和继续发展下去，其实不单单取决于第二代的能力和敬业精神，而是取决于第一代企业家是否为企业的基业长青构建了“无为而治”的管理理念和模式。企业不可能靠一个人来发展，企业发展是靠传承和管理的惯性的。我们不能否认，近 100 年中国学习运用的更多是西方式管理，对中国传统的国学智慧反思和整理得非常之少。中国的传统管理，往往被作为封建中国落后的罪魁祸首加以批判，作为孔孟之道遭到粗暴的伤害。古代帝王的治国之道被看作封建统治阶级愚弄人民的手段而被鄙弃，近代曾经辉煌的儒商被看作一个历史悲剧而尘封，一批又一批的政府官员与企业领导出国学习，回来便都大刀阔斧地根据西方模式和经验进行改革，对于自己的老祖宗不屑一顾。现在，许多问题正在慢慢显露，经济发展中忽视了人的存在，盲目追求冰冷的 GDP 和经济效益数字，自然环境沦为牺牲品，社会中不均衡的发展矛盾日益突出，物质生活日益丰富的同时人们却遭遇了前所未有的精神危机，幸福感越来越低。中国企业普遍寿命短也是近年来被普遍关注的现实，有关资料显示，中国企业的平均生命周期仅为2.5年，不及发达国家的1/4，全国每天都有成千上万家企业倒闭。这固然有多方面的原因，但是没有找到适合中国特色的管理经验是很重要的原因之一。以中国目前的市场经济、社会文化发展状况来看，盲目推行西方管理经验必然是不明智的。我们全然不顾老祖宗留下的管理智慧，而一味地去盲目照搬西方的管理方式，如此舍本逐末，必然会造成管理者与被管理者关系紧张，必然会对自然环境造成污染。我们中国的现代化一定要在学习西方的同时，重视自己的国学遗产，因为中国的管理智慧博大精深。

尧帝的《击壤歌》，让我们看到了管理的最终目的和管理的最高境界。在现代社会激烈的竞争中如何由躁转静，从最根本的地方开始思考生命，用管理生命的态度来管理政府和企业，是每一个中国人都要思考的问题。自动自发和幸福的生活是中国人对美好未来的向往，我们要从古代智慧中感悟管理哲学的意义，以此来引领现代文明的方向。

02 向姜子牙学《六韬》的管理秘诀

中华传统文化源远流长、博大精深，影响着东方甚至整个世界，其中兵家文化作为中华传统文化的重要内容，在数千年来连绵不断的政治、军事斗争中不断地发展变化，至今仍保持巨大的影响力。中国古代兵家管理思想是我国历代军事家对战争决策、指挥、统筹及其规律方面的理性认识的总和。

中国古代兵家管理思想包括若干科学的管理观点，它既把政治、经济、军事、天文、地理、国际关系等各种客观因素作为决定胜负的条件，又把它们看成是相互关联的管理决策的统一整体。同时，又把战争主观指导，即主体的决策、指挥、组织、运筹等军事素质作为一项基本因素，并由此引出争取战争胜利的一系列战法。

中国传统兵家思想博大精深，蕴涵着丰富的战略管理思想，对当代经营管理有着重要的借鉴作用，其中《六韬》是兵家思想的鼻祖之作。《六韬》中的许多思想影响了以后包括孙子等兵家代表人物的思想，其论述的兵家思想对企业管理有许多借鉴意义。

《六韬》之“韬”，与“弢”字相通，原为“弓套”，含有深藏不露之意，引申为谋略。该书是以周文王、周武王与姜太公对话的形式写成的，此书涉及战争观、战争谋略、作战指导和军事人才思想等多方面的军事理论，并进一步发展和成熟，在中国古代军事理论发展史上占有重要地位。《六韬》不仅是军事战略思想集大成者，其实也是一部优秀的管理大典。商场如战场，一支部队就是一个组织，带领一支部队打仗，其实与带领一个组织去经商是一样的道理。许多西方管理学家在《六韬》里都会找到类似的道理。我们不得不佩服古人的管理智慧。重温经典，对我们践行中国化管理意义深远，对中国企业家群体的启迪很大。

首先，《六韬》体现了以人为本和仁者爱人的管理思想。《六韬》中《文韬》里有一段周文王问姜太公“如何才能使天下人诚心归顺”的话。姜太公答曰：“天下非一人之天下也，乃天下之天下也。同天下之利者则得天下，擅天下之利者则失天下。天有时，地有财，能与人共之者，仁也。仁之所在，天下归之。”这一段话意思是管理者一定要正确看待财富，不要把天下和财富看成自己一个人的，要与人民共同分享，独乐乐不如众乐乐，要以人为本。这就是所谓的仁者。做以人为本的仁者，天下归属于他，这种思想对企业组织的管理者有着很深刻的启示和引导作用。所谓得人心者得天下，企业如果能够以人为本，创造出满足员工多重需要的企业文化，并能用它的“软约束”来调节各种不合理的需要，则会使企业员工从内心产生一种高昂的情绪和奋进的精神。这种积极向上的理念及行为准则，将会形成强烈的使命感、持久的驱动力，成为员工自我激励的一把标尺，在工作中以高标准来要求自己。它使全体员工在企业的使命、战略目标、战略举措、运营流程、合作沟通等基本方面达成共识，这就从根本上保证了企业人际关系的和谐性、稳定性和健康性，从而增强了企业的竞争力。

在这一方面，中国平安是一个很成功的范例。该公司有条不成文的规定，工作期限满 10 年的员工，是公司的终身制员工，不得开除，从而打消了老员工对失业的顾虑。无论是部门经理还是普通业务员，甚至是临时工，只要有出色的业绩就可以授予“嘉奖令”，同时参加每个季度一次的团体旅游，可以带家属，费用全部免单，从而调动了大家工作的积极性。正是基于以人为本、与员工共享企业成长红利的经营理念，中国平安在 20 多年的时间内迅速发展，从一家不起眼的小公司，发展壮大为国内保险业的领军人物，并于2007年成功上市。

其次，《六韬》告诉管理者一定要奖罚分明，一视同仁。《六韬·龙韬·将威第二十二》指出："将以诛大为威，以赏小为明，以罚审为禁止而令行。故杀一人而三军震者杀之；赏一人而万人说者赏之。杀贵大，赏贵小。杀其当路贵重之臣，是刑上极也；赏及牛竖、马洗、厩养之徒，是赏下通也。刑上极、赏下通，是将威之所行也。"意思是统帅必须严格要求手下大将，如果大将犯法，必须给予严厉惩罚，诛杀地位高的人能树立威信。奖励一定要公平公正，奖赏地位低的人可以体现明察，以严明惩罚和奖励来做到所禁必止、所令必行。能诛杀那些有权有势的人物，说明刑罚能及于最上层；能奖赏到牛僮、马夫等饲养人员，说明赏赐能达到最下层。刑罚能及于最上层，赏赐能达到最下层，奖罚分明和一视同仁，这样管理者才能树立威信，这个组织才有战斗力。管理中激励的关键在于惩恶扬善，赏信罚必。《六韬·龙韬·立将第二十一》中提出了两个重要的管理思想：一是用人不疑，合理授权；二是上下同心，身先士卒。同理，企业要想做好，领导者就得给下属授权，信任下属的能力，在激励下属努力工作的同时进行指导教育，提高下属的工作能力和应变能力。同时，也要根据下属的工作绩效进行适当的奖惩，奖赏是为了鼓励好人好事，惩罚是为了惩戒坏人坏事，奖赏一人以鼓励百人，惩罚一人以警戒众人，并应该做到“用赏贵在守信，用罚贵在必行”。

奖罚分明可以督促企业中的每一个成员自觉维护制度，可以建立优秀的企业文化氛围。这样的企业文化一旦形成，员工就会自觉地遵守制度，这个组织就会有强大的战斗力。

再次，《六韬》告诉管理者一定要善于听取不同意见，管理一定做到兼听明断和公正无私。据《六韬·文韬·大礼四》载，太公曰：“勿妄而许，勿逆而拒。许之则失守，拒之则闭塞。高山仰止，不可极也；深渊度之，不可测也。神明之德，正静其极。”意思是君王不要轻率接受意见，也不要简单拒绝。如果轻率接受，容易丧失主见；马上拒绝，就容易闭塞言路。君主要像高山那样，使人仰慕效法；要像深渊那样，使人莫测其深。英明正确，镇静公正，就是准则。君主要安详稳健而气质宁静，要柔和有节而胸有成竹，要善于与臣民协商问题而不固执己见，对人要谦虚而无私，处事要公正而不偏。

在企业中管理者也应该坚持以人为本，对于重大决策、重要工作，坚持广泛发扬民主的原则，广泛征求意见和建议，营造公开、公正、公平的氛围，凝聚员工向心力。建设民主的企业文化，其真正目的就是发挥企业内群体的集体智慧，使决策更科学、更有效、更合理，也可以说让执行与落实更顺畅，促进效益增长。企业管理者要以公正无私的态度对待每一件事、每一个人，制度面前人人平等，竞争面前永远公平，这大大有利于企业凝聚力的加强。

此外，《六韬》还告诉管理者一定要善于识别人才和使用人才。《六韬》中太公曰："知之有八征：一曰问之以言以观其辞；二曰穷之以辞以观其变；三曰与之间谍以观其诚；四曰明白显问以观其德；五曰使之以财以观其廉；六曰试之以色以观其贞；七曰告之以难以观其勇；八曰醉之以酒以观其态。八征皆备，则贤、不肖别矣。"意思是识别人才要从8个方面考察，一是提出问题，看他知道得是否详尽清楚；二是详尽追问，看他的应变能力如何；三是用间谍考察，看他是否忠诚；四是明知故问，看他有无隐瞒，借以考察他的品德；五是让他管理财物，看他是否廉洁；六是用女色试他，看他的操守如何；七是把危难的情况告诉他，看他是否勇敢；八是用酒灌醉他，看他能否保持常态。这8种考验方法都用了，一个人的贤与不贤就能区别清楚了。

《六韬》主张，作为君王，应当推崇德才兼备的人，抑制无德无才的人，任用忠诚信实的人，除去奸诈虚伪的人。严禁暴乱的行为，制止奢侈的风气。"以官名举人，按名督实，选才考能，令实当其名，名当其实，则得举贤之道也。"根据各级官吏应具备的条件选拔贤能，再根据各种官职应具备的条件考核在职人员，甄别其才智的高低，考察其能力的强弱，使其德才与官位相称，官位与德才相当，这就掌握举

诚信
忠实
正义
仁爱

贤的原则与方法了。

在《六韬》中有关人才的6条标准是：仁爱、正义、忠实、诚信、勇敢、智谋。在考量人才的标准方面，《六韬》从实践的观点出发，主张给予他们不同的环境条件，看他们的实际表现，如果以上几点都能做到，就真的是个人才。在企业管理中也是如此，作为一个好的企业管理者，就应当选择德才兼备、忠诚信实的人，在适当的岗位用适当的人员，让每个人的知识和能力得到公平的施展。选择管理人员时，要把外部选聘和内部提拔的工作做好。

人力资源是企业最重要的经营资源，是一切财富中最为宝贵的财富。正确地制定和选择人力资源战略，特别是充分发挥各类人才资源的积极作用，是企业走向兴旺发达的关键。企业对于能够融入企业文化，为企业长远发展辛勤工作，努力发挥自己聪明才智的人要大胆使用；对那些阿谀奉承、唯唯诺诺、平平庸庸、无德无才的人要坚决摒弃，也不能提拔那些有才无德之人。只要企业有一流的文化，就可以吸引、培养、成就一流的人才，自然就会成就一流的企业。

《六韬》是兵家思想的最早源头，其中彰显了民本思想，主张执政为民；彰显了民主思想，主张执政英明；彰显了激励思想，主张赏信罚必；彰显了人才思想，主张任人唯贤。这些理念是中国化管理思想很重要的理念，当代中国企业家应该从古圣先贤的博大智慧中得到启示和借鉴，这样管理企业就会起到事半功倍的效果。在当前经济全球化的背景下，中国企业家更应该从古人那里学习中国优秀的传统管理哲学理念，形成具有中国特色的中国化管理理论，以此来传播和影响世界，做到世界管理学中有中国的声音。这是当代中国管理学者和企业家的责任和崇高使命。

03 好色好酒的齐桓公 成就霸业的两条途径

成功的领导者应该具备怎样的个人素质？这个话题被讨论了很久，市面上的论著多如牛毛，国内国外成功企业家的传记也很多，他们的成功经验各不相同。在这琳琅满目的企业家群体中，很难找到他们的共同之处。反而是他们拥有的个人魅力和个性给我们留下了深刻的印象，有的企业家近似疯子，有的企业家非常吝啬，有的企业家很暴戾，有的企业家几近沉溺于酒色，所有这些好像并不妨碍他们企业的成功，反而成了他们各自成功的方法和密码。但当我们仔细深入研究，不难发现企业家纵有各种个性，但所有领导者其实都具备两个共性素质，那就是仁心与慧思。

关于领导者应该具备仁心与慧思，中国古代的名相管仲曾经与齐桓公有过一番精彩的讨论。《史记》记载，桓公谓管仲曰："寡人有大邪三。不幸好畋，晦夜从禽不及，一。不幸好酒，日夜相继，二。寡人有污行，不幸好色，姊妹有未嫁者，三。"管仲曰："恶则恶矣，非其急也。人君惟不爱与不敏，不可耳。不爱则亡众，不敏则不及事。" 这段对话的意思是说，有一次齐桓公对管仲讲，我有三个很大的缺点，一爱打猎，玩到天黑了也不停止；二好喝酒，日夜不停；三好女色。管仲回答齐桓公说，这三个缺点是很严重，但不是最重要的，领导人最不应该做的是不爱护下属和不勤政。不爱护下属就会失去别人的拥戴，不勤政就做不好事情。其实，管仲在这里所提出的领导者应具备的两个基本素质就是勤政和爱民。中国常以廉洁奉公、勤政爱民和鞠躬尽瘁等词语褒扬优秀的执政者。中国古代的圣贤周公的"一沐三握发，一饭三吐哺"，也是围绕勤政和爱民的管理思想而被后人传为佳话的。可见对于中国人而言，勤政和爱民是领导者必须具备的基本素质。从更高境界来讲，爱民和勤政比较通俗的讲法就是仁心和慧思。仁心就是领导者体恤下属的爱心，是领导者对社会及公众的责任心，它体现了领导者的涵养与人性。慧思是领导者的勤勉和智慧，它体现了领导者的职业道德和执政能力。仁心与慧思之间既相互联系，又相互作用，其中仁心是慧思的基础，而慧思则是仁心的表现和要求。

仁心就是仁爱之心。仁爱是儒家思想弘扬的重要精神之

慧思
仁心
别看我好酒好色，可这两样我可没丢下！
就是！大事不糊涂！

一。孔子的“仁者爱人”的哲学思想是中国文化的主要论点。企业家具备的仁心是有别于亲情和爱情的血缘之亲，它是基于“仁”的社会道德伦理修养。孟子曾说：“君子所以异于人者，以其存心也。君子以仁存心，以礼存心。仁者爱人，有礼者敬人。爱人者，人恒爱之；敬人者，人恒敬之。”意思是君子与一般人不同的就是内心所思所想不同。君子心中是以仁和礼为原则，有仁就会爱别人，有礼就会尊重别人。关爱别人，别人也关爱他。尊重别人，别人也尊重他。由此可见，仁心包括关爱与尊敬两个方面。企业家的仁心不仅体现在关爱员工上，还体现在对员工及周围的人要有所尊重。西方的企业领导人其实非常重视尊重和关爱员工。摩托罗拉公司的前总裁保罗·高尔文在听说企业员工或其家人生病时，总会向员工推荐医生并代为支付医疗账单；泰国本田公司社长市川永次身为日本人，每天却在工厂准时播放泰国国歌，升泰国国旗，并与员工一起敬礼，以表示对泰国员工的尊重。从这些事例可以看出，仁心其实是企业家首先应该具备的道德修养，只有怀有仁心，才能避免“亡于众”，企业家才能得到员工的拥护和爱戴，企业才能形成强大的凝聚力。

这里的慧思包含两层意思，一层是企业家应该勤奋敬业，另一层意思是企业家更应该善于学习，善于思考，不断提升管理能力和智慧。慧思不仅体现了领导者的职业精神，还体现了管理者的领导能力。勤奋敬业是企业家慧思最基础的表现。无论是美国的韦尔奇，日本的松下幸之助，还是中国的张瑞敏，其实他们都是勤奋的模范。勤勉是企业家成功最起码的条件，而高明的管理智慧和管理艺术是慧思的更高表现。纵观成功的企业家，他们无不是勤勉与善于思考的慧思者。

仁心与慧思是企业家必须具备的最基本的两个素质，企业领导者一定要把仁心与慧思辩证地结合起来。只有关爱与尊重员工，企业才会达到上下同欲、无为而治的管理境界。只有企业家自身拥有勤勉的敬业精神和高超的领导智慧，企业才能实现“以德服人”和管理成本最低化的良性发展之路。

中国管理往事

04 楚庄王宴席上的管理故事

管理的实质就是修己和安人。管理者加强自身修养非常重要，一定要正人先正己，用自身的言行给员工树立一个做人做事的典范，这样才能树立威信，才能有安人的资本，这在管理学上叫作自我管理。

华人商界领袖李嘉诚就对自己提出了多达 10 条的自我管理的标准，诸如勤奋、节俭、诚信、谦逊及宽容等。谈到宽容时，李嘉诚深有感触，他说安人的成功与否很大程度取决于领导者的宽容，而宽容又取决于领导者的素质修养。做人要宽容一点，要允许别人犯错误。尤其是做老板的，如果能宽恕下属的一些小错误，下属往往会加倍努力，想做得更好，并努力寻找机会证明自己的潜力。

一个企业家的胸襟决定了他能够走多远。除了在员工品德问题上企业家可以零容忍外，员工其他的一些小错误，企业家一定要包容。历史上楚庄王和秦穆公宽容的故事或许对管理者有所启示。

春秋时期，楚庄王有一次和群臣宴饮，当时是晚上，大殿里点着灯烛，正当大家酒喝得酣畅之际，突然灯烛灭了。这时庄王身边的美姬"啊"的叫了一声，庄王问："怎么回事啊？"美姬对庄王说："大王，刚才有人非礼我。那人趁着烛灭，牵拉我的衣襟，我扯断了他帽子上的系缨，现在还拿着，赶快点灯，抓住这个断缨的人。"庄王听后说："是我赏赐大家喝酒，酒喝多了，有人难免会出格，没啥大不了的。"于是命令左右："今天大家和我一起喝酒，如果不扯断系缨，说明他没有尽欢。"群臣马上都扯断系缨而尽情饮酒，尽欢而散。过了 3 年，楚晋开战。一位将军常常冲在前边，勇猛无比。战斗胜利后，庄王感到惊奇，忍不住问他："我平时对你并没有特别恩惠，你打仗时为何这样卖力呢？"将军答曰："我就是那天夜里被扯断了系缨的人。"

也是在春秋时期，秦穆公的一匹良马被 300 多个乡下人偷着宰杀吃了，秦国的官吏捕捉到他们，打算严加惩处。秦穆公说："我不能因为一头牲畜就使 300 多人受到伤害，听说吃了良马肉，如果不喝酒，对身体会有害，赏他们酒喝，然后全放了吧。"后来，秦国和晋国在韩原交战，这 300 多

感恩
宽容

人闻讯后都奔赴战场帮助秦军。正巧看见穆公的战车陷入重围，形势十分险恶，这些乡下人便高举武器，争先恐后地冲上去与晋军死战，以报答穆公的食马之德。晋军的包围被冲散，穆公终于脱险。

从楚庄王和秦穆公的故事可以看出，宽容是管理员工心智的最有效的方法之一。许多企业家由于心胸不够开阔，对一些小事斤斤计较，过于苛责员工，致使好的员工流失，因此没有建立一支高效和忠诚于企业的员工队伍，这样的企业家是成就不了伟大的企业的。

西方管理大师德鲁克在谈到企业家的修炼时说："有效的管理者在用人所长的同时，必须容忍人之所短。"优秀的员工有时缺点也很突出，衡量一个员工的好坏，不能拿一些平常的小事情来考量，要综合分析和判断一个员工是否优秀，要允许员工犯一些小错误。有时给员工一个改错的机会，员工会给企业家一个惊喜的。企业的竞争其实在某种程度上是企业家心胸宽窄的竞争。纵观古今，成就霸业的英雄多是心胸宽广的大丈夫，多是对部下持有宽容心和包容大度的人。总之，在管理活动中，宽容很重要，而修炼宽容是企业家的必修课。

中国管理往事

05 伯乐妙用“鲇鱼效应”的管理艺术

一个优秀的企业需要建立一套优秀的常态化的企业制度与企业文化，在常态化的管理中，使员工遵守制度和履行文化基因成为固化的行为模式，这个组织就会成为自动自发性的管理组织，这是企业管理的目标和理想状态。但是，当企业达到这个状态时，又有一个新的问题出现了，那就是往往这个企业在什么都形成了习惯的前提下，缺少团队活力，缺乏进取精神，一味地追求稳定，从而导致这个企业缺乏创新性和开拓力，这是企业经常遇到的问题。企业的稳定固然重要，但没有活力的企业也会在竞争中落后，如何解决这个问题，鲇鱼效应为我们提供了有益的启示。

挪威人喜欢吃沙丁鱼，尤其是活鱼。市场上活鱼的价格要比死鱼高许多。所以渔民总是千方百计地想让沙丁鱼活着回到渔港。可是虽然经过种种努力，绝大部分沙丁鱼还是在中途因窒息而死亡，但有一条渔船却总能让大部分沙丁鱼活着回到渔港。船长严格保守着秘密，直到船长去世，谜底才揭开。原来是船长在装满沙丁鱼的鱼槽里放进了一条以沙丁鱼为主要食物的鲇鱼。鲇鱼进入鱼槽后，由于环境陌生，便四处游动。沙丁鱼见了鲇鱼便十分紧张，左冲右突，四处躲避，加速游动。沙丁鱼缺氧的问题迎刃而解，也就不会死了，一条条沙丁鱼活蹦乱跳地回到了渔港。这就是著名的“鲇鱼效应”。

在企业管理中，想要打破企业没有活力的、稳定的习惯性企业文化和现状，同样需要像船长一样引入鲇鱼型人才，以此来改变企业相对一潭死水的状况。引进鲇鱼型人才其实是企业管理者应该经常采取的一种手段或措施，以之刺激团队的活力，从而激活员工的活力和企业的创新力、竞争力，鲇鱼效应其实质就是经常要给企业和员工一种激励和压力。

一个企业发展到一定阶段，也取得了一定的成功，员工的收入也很丰厚，往往这时企业的员工就会变成沙丁鱼，不求进取，追求安逸，这时引进鲇鱼和其他激励手段是非常必要的。阿里巴巴在第一百个员工成为千万富翁时，其 CEO 马云最害怕的就是员工成为沙丁鱼，丧失了进取心，所以阿里巴巴进行了一系列的引进鲇鱼的激励措施，保证了阿里巴巴这个企业的活力。

鲇鱼效应对管理的启示还有一个，那就是管理者一定要在激励员工的同时给予他们一定的压力，有压力，员工才会成长，才会发挥其潜能。有一则根据中国古代伯乐相马的故事改编的寓言，也体现了与鲇鱼效应一样的管理寓意。相传伯乐在集市上选了一匹青鬃马。他想，只要经过训练，这匹马一定可以成为千里马。可是，几个月过去了，无论伯乐采取什么办法，青鬃马的成绩始终不理想，每日的奔跑路程，总是在900里左右。伯乐对青鬃马说：“伙计，你得用功啊！再这样下去，你会被淘汰的。”“没法子啊，我已经尽最大的努力了。”青鬃马愁眉苦脸地说。“真的吗？”“真的，我把吃奶的劲儿都使出来了。”一天，新的训练开始了。青鬃马刚起跑，突然背后响起惊雷般的一声吼叫。青鬃马扭头一看，一头雄狮旋风般向它扑来。青鬃马大吃一惊，撒开四蹄，拼命地狂奔起来。

晚上，青鬃马气喘吁吁地回到伯乐身边说：“好险！今天差点喂了狮子了！”伯乐笑道：“不错！你今天跑了1050里！”

“什么？1050里？太意外了！”青鬃马惊喜地望着伯乐，伯乐脸上挂着欣慰的笑容。青鬃马心中豁然一亮。从此，它一上训练场，就设想有一头狮子在后面追赶自己。后来，它果然成了一匹千里马。

压力引发动力，动力激发潜能。不断给组织中的成员施压，就能激发这个团队的活力。企业只有给员工施加压力，在企业内部营造竞争气氛，员工才会有紧迫感、危机感，才能激发自我的进取心，企业才能有活力。

在这方面日本的本田公司做得非常出色，值得借鉴。有一次，本田先生对欧美企业进行考察，发现许多企业的人员基本上由 3 种类型组成：一是不可缺少的干才，约占两成；二是以公司为家的勤劳人才，约占六成；三是终日东游西荡，拖企业后腿的蠢材，约占两成。而在本田公司的人员中，缺乏进取心和敬业精神的人员比重也许还要高些。那么如何使前两种人增多，使其更具有敬业精神，而使第三种人减少呢？如果对第三种类型的人员实行完全淘汰，一方面会受到工会方面的压力，另一方面又会使企业蒙受损失。其实，这些人也能完成工作，只是与公司的要求与发展相差远一些，如果全部淘汰，显然是行不通的。

后来，本田先生受到鲇鱼故事的启发，决定进行人事方面的改革。他首先从销售部入手，因为销售部经理的观念离公司的精神相距太远，而且他的守旧思想已经严重影响了他的下属。必须找一条“鲇鱼”来，尽早打破销售部只会维持现状的沉闷气氛，否则公司的发展会受到严重影响。经过周密的计划和努力，本田先生终于把松和公司销售部副经理、年仅 35 岁的武太郎挖了过来。武太郎接任本田公司销售部经理后，凭着自己丰富的市场营销经验和过人的学识，以及惊人的毅力和工作热情，受到了销售部全体员工的好评。员工的工作热情被极大地调动起来，活力大为增强。公司的销售出现了转机，月销售额直线上升，公司在欧美市场的知名度不断提高。本田先生对武太郎上任以来的工作非常满意，这不仅在于他的工作表现，还因为销售部作为企业的龙头部门带动了其他部门经理人员的工作热情和活力。本田深为自己有效地利用了“鲇鱼效应”而得意。

从此，本田公司每年重点从外部“中途聘用”一些精干的、思维敏捷的、30岁左右的生力军，有时甚至聘请常务董事一级的“大鲇鱼”。这样一来，公司上下的“沙丁鱼”都有了触电式的感觉，业绩蒸蒸日上。

无论是鲇鱼效应还是改编后的伯乐训马的故事，都能给我们一个共同的启示：企业发展到一定阶段，无论是领导者还是员工，都一定要居安思危，要有忧患意识。中国有句古话：“生于忧患，死于安乐。”无论是引进鲇鱼或是给员工施加什么压力，其实都是企业避免缺乏活力和竞争力的一个激励手段。总之，建立危机意识在企业中非常重要，有了危机意识和居安思危的紧迫感，即便没有“鲇鱼”，企业也会充满活力的。

中国管理往事

06 晋国魏绛因“青蛙效应”拒绝美女的诱惑

“居安思危”一直是中国人用来告诫从政者的最常用的一个词，它出自《左传》。春秋时期，有一次宋、齐、晋、卫等 12 国联合出兵攻打郑国。郑国国君慌了，急忙向 12 国中最大的晋国求和，得到了晋国的同意，其余 11 国也就停止了进攻。郑国为了表示感谢，给晋国送去了大批礼物，其中有著名乐师 3 人、配齐甲兵的成套兵车共 100 辆、歌女 16 人，还有许多钟磬之类的乐器。晋国的国君晋悼公见了这么多的礼物，非常高兴，将 8 个歌女分赠给他的功臣魏绛，说：“你这几年为我出谋划策，事情办得都很顺利，我们好比奏乐一样的和谐合拍，真是太好了。现在让咱俩一同来享受吧！”可是，魏绛谢绝了晋悼公的分赠，并且劝告晋悼公说：“咱们国家的事情之所以办得顺利，首先应归功于您的才能，其次是靠同僚们齐心协力，我个人有什么贡献可言呢？但愿您在享受安乐的同时，能想到国家还有许多事情要办，我们一定要居安思危，思则有备，有备无患。”魏绛这番远见卓识而又语重心长的话，使晋悼公听了很受感动，高兴地接受了魏绛的意见，从此对他更加敬重。从这个故事中我们可以看到，居安思危和忧患意识自古以来就是中国管理者一条很重要的政治经验。儒家代表人物之一的孟子“生于忧患，死于安乐”说的也是这种忧患意识。纵观中国历史，居安思危的皇帝，大都是比较有作为的皇帝，而由居安思危的管理者统治的朝代也大都是比较昌盛的，反之则衰、则败、则亡。翻开历史长卷，这样的例子不胜枚举。国家如此，企业更是如此。现代企业一定要有忧患意识，因为无论一个企业处于什么发展阶段，都要对未来可能遇到的风险做出预警方案，“居安思危，思则有备，有备无患”对于企业来说有着深刻的警示意义。

在管理学中有一个很知名的理论，叫作“青蛙效应”。此效应源自 19 世纪末美国康奈尔大学曾进行过的一次著名的“青蛙试验”：将一只青蛙放在煮沸的大锅里，青蛙立即触电般地跳了出去。后来，人们又把它放在一个装满凉水的大锅里，任其自由游动，然后用小火慢慢加热。青蛙虽然可以感觉到外界温度的变化，却因惰性没有立即往外跳，直到

要有忧患意识和危机感，否则就会像
这只温水里的青蛙一样被慢慢烫死！

后来热度难忍而失去逃生能力被煮熟。科学家经过分析认为，这只青蛙第一次之所以能“逃离险境”，是因为它受到了沸水的剧烈刺激，于是便使出全部的力量跳了出去；第二次由于没有明显感觉到刺激，因此，这只青蛙便失去了警惕，没有了危机意识，它觉得这一温度正适合，然而当它感觉到危机时，已经没有能力从水里逃出来了。

“青蛙效应”告诉我们，企业竞争环境的改变大多是渐热式的，如果管理者与员工对环境变化没有疼痛的感觉，最后就会像那只青蛙一样被煮熟。同样，一个企业如果只满足于眼前的既得利益，一味地沉溺于过去的胜利和现在的繁荣之中，而没有忧患意识，对危机的逐渐形成麻木不仁，最后肯定会像青蛙一般在安逸中死去。柯达公司的破产就是一个很好的例子。在胶片年代，柯达公司达到了最鼎盛的发展期，全世界各个地方几乎都有柯达洗印店，但就因为公司的决策层对未来没有前瞻性的思考，没有忧患意识，认为数码时代离他们还很远，没有对企业进行变革和创新，结果一个昔日的商业帝国倒掉了。中国的很多企业也是如此，最早的春都集团和光明集团等都是因为企业没有忧患意识而倒掉的。微软的总裁比尔·盖茨有一句名言：“微软离破产永远只有 18 个月。”企业要避免“温水煮蛙”现象，首先要求其最高管理层具有危机意识，这样企业才不致在战略上迷失方向，否则不经意之间就会滑入危机的泥潭之中。

危机管理并非是企业最高管理层或某些职能部门，如安全部门、公关部门的事情，而应成为每个职能部门和每位员工共同面临的课题。在最高管理层具有危机意识的基础上，企业要善于将这种危机意识向所有的员工灌输，使每位员工都具备居安思危的思想，提高员工对危机发生的警惕性，使危机管理能够落实到每位员工的实际行动中，这样企业才能做到防微杜渐，临危不乱。

20 世纪 90 年代初，波音公司产量大幅下降，为走出经营低谷，波音公司摄制了一部虚拟的电视新闻片：在一个天色灰暗的日子，众多的工人们垂头丧气地拖着沉重的脚步鱼贯而出，离开了工作多年的飞机制造厂。厂房上面挂着一块“厂房出售”的牌子。扩音器传来：“今天是波音时代的终结，波音飞机公司关闭了最后的一个车间……”画面反复播放。这则企业倒闭的电视新闻使员工们强烈地意识到市场竞争残酷无情，市场经济的大潮随时都会吞噬掉企业，只有不断进取、创新、拼搏，企业才能在经济大潮中乘风破浪，在竞争中立于不败之地。否则，虚幻的模拟倒闭就会成为企业无法避免的事实。

这一充满忧患意识的片子播出后，波音公司的员工们每个人都充满了危机感，从而更加努力工作，企业也不断地创新，员工人人都真切感到“末日即将来临”的紧迫感，并被激发出了忧患意识和不懈奋斗的精神，终于使企业迎来了大发展。从那以后波音一跃成为世界上最大的飞机制造商。

同样，中国著名民营企业华为公司的总裁任正非在华为大发展时期也写过著名的《华为的冬天》一文，用忧虑的口吻来告诫他的员工，华为可能马上要进入冬天，以此来增加企业和员工的忧患意识。正是任正非居安思危的管理理念，才使华为渡过了一个又一个艰难险阻，成为真正国际化的信息与通信解决方案供应商。

无论一个人、一个企业还是一个国家，都必须居安思危，必须要有忧患意识。往往有些企业在强盛时，就已经有许多危机潜伏在企业日常的经营管理之中，只是管理者麻痹大意，缺乏危机意识，对此没有警醒而已。经过改革开放30多年，许多中国企业发展得很强大，但如果我们的企业在强大中盲目乐观，丧失了超越自己、超越过去的动力，那么就会像温水里的青蛙一样被慢慢烫死。这一点中国的企业家一定要注意。

07 孙武巧解吴王出的管理难题

管理是一门很复杂的学问，因为管理的对象不同，所以会面临各种不同的管理问题。由于管理的柔性和刚性的尺度会因为面对的群体不同而经常有不同的标准，所以造成了在管理不同对象时，所应用的标准不同，导致在纪律和制度面前没做到公平、公正，这是对管理结果的莫大损害。在管理中，一定要做到无论面对什么人和群体，都要一视同仁，做到在制度面前人人平等。

《孙子兵法》的作者孙武，他训练宫女的故事给了我们很好的启示。据《左传》记载：吴王为了考察孙武的能力，挑选了 100 名后宫宫女给孙武训练。孙武第一步让吴王的两个宠姬担任队长，然后将列队训练的要领讲得清清楚楚，但正式喊口令时，这些女人笑作一堆，乱作一团。孙武再次讲解了要领，并要两个队长以身作则。但他一喊口令，宫女们还是满不在乎，两个当队长的宠姬更是笑弯了腰。孙武严厉地说道："你们不按口令训练，两个队长带头不听指挥，这就是公然违反军法，理当斩首！"说完，便叫武士将两个宠姬杀了。当孙武再喊口令时，宫女们步调整齐，动作划一，真正成了训练有素的军人。

在一个组织中，纪律是一个团队生存和制胜的保障，没有了纪律，这个团队就像一盘散沙，各自为战；没有了纪律，这个团队就会乱成一团，没有前进的方向。纪律是一切行为的基本依据，也是优秀团队得以发挥战斗力的根本力量来源。一个优秀的团队，一定是一个把制度与个人自由结合得最好的团队。

美国管理大师柯林斯等人在《第五项修炼》一书中说：纪律，是世界上最重要的东西，没有纪律，就没有品质；没有品质，就没有进步！企业要做大做强，铁的纪律是必需的。纪律一定是刚性的，对谁都一样。但我们一些管理者却对不同的人网开一面，这样就不会形成一个能战斗和纪律严明的组织。

不少企业在团队建设过程中，过于追求团队的亲和力和人情味，严明的团队纪律得不到很好的执行，形同虚设，这是管理的大忌。纪律一定是铁的，是刚性的，它与文化不一

纪律是一个团队生存和制胜的保障！

样，我们可以在文化中体现人文的东西，但在制度面前必须人人平等。纵观国内外许多成功的企业，其制胜的法宝就是因为有了“铁的纪律”。

20 世纪 70 年代，日本伊藤洋货行的董事长伊藤雅俊突然解雇了功劳赫赫的岸信一雄，这在日本商界引起了一次震动。岸信一雄是由东食公司跳槽到伊藤洋货行的。来到伊藤洋货行以后他担任总经理，重整了公司的食品部门，对公司可谓功勋卓著。但随着公司业绩的提高，岸信一雄开始居功自傲，对公司制定的规章制度一律不予遵守。在他的影响下，所有下属都消极地对待工作，整个部门的工作效率直线下降。董事长伊藤雅俊屡次对他批评教育，无奈他不但不改，还变本加厉，最后公司终于决定把他辞退了。对于最重视秩序、纪律的伊藤而言，公司的业绩虽然持续上升，但他却无法容许“治外法权”如此持续下去，因为，这样会毁掉过去辛苦建立的企业体制和组织基础的。

当代中国企业已融入了全球化竞争，面对西方管理制度的刚性和中国化管理的柔性，如何辩证地处理是一个复杂的管理问题。一个企业不仅要创造效益，还要创造价值，在追求利益的基础上要坚守一些信念和理想，要坚持一些基本的制度和企业的底线，这就是所谓的企业高压线。在人性化的企业文化氛围内，强化纪律的刚性是孙武训练宫女带给我们的管理启示。

中国管理往事

08 开国功臣文仲的悲剧源于不懂“企业文化”

中外专家给企业文化下的定义很多，但无论怎么定义，企业文化也脱离不了习惯和氛围这类关键词。企业文化的实质其实就是一群人长时间聚在同一个组织内，由于环境、经历、行为、感觉和思维的共同性，形成了共同的习惯和氛围，从而达成了共同的核心价值、彼此的共同理解以及共同的意义。所以，习惯和氛围是企业文化最重要的载体，如果长时间未能把优秀的习惯植入组织内，即使找几个专家总结出非常优秀的企业文化体系，那也只能是写在书上、挂在墙上的教条而已，对组织的影响力很有限。企业文化犹如空气一样，是不会让人看见的，但会无时不刻地环绕在组织中间。要想让员工真正了解一个企业的企业文化，绝不是让员工看文化手册或背刻板的企业精神。企业核心价值观所能达到的企业文化一定要让员工“悟到”，而不仅仅是让员工“知道”。

在企业中，企业家通常最喜欢那些不用言传只要意会就能领会自己意图的员工，而且这类员工的办事风格往往完全与这个企业家的风格相同。这类员工基本上是在这个企业多年，深深理解这个企业及这个企业的管理者的思维和行为风格，并且深知企业文化的老员工。你让他们总结公司的文化时，他不一定能很完整地把企业文化手册中的文化理念背出来，但能说出这个企业与其他企业及这个企业的老板与其他企业的老板的差异性。比如这个企业和企业的老板比较务实，那对于务虚的以及只注重表面现象的员工来说就没有多少市场，久而久之，员工就会形成靠务实和苦干及结果说话的工作作风。这种办事习惯和氛围只有经过长时间的观察和感悟才能理解。因为在干事的过程中，也许务实的不会被很快认可，务虚的往往说得比务实的好，可能会造成干事的务实的人暂时不被理解，反而务虚的得到表扬，但如果这个企业和这个企业家很务实，那到最后还是务实和苦干的员工得到认可，务虚和只会表现的员工却被辞掉。目睹了一个个这样事例的悟性较高的老员工就会不自觉地改变自己的做事风格，没有任何侥幸偷懒的想法，这就是把公司文化悟到了，而只“知道”公司文化而没“悟到”的新员工和缺乏悟性的老员工，就会因为没有把握企业文化的真谛而犯务虚的毛病，最后在

企业文化
员工
老板
行为习惯

公司得不到认可。

在一个组织中，为了这个组织的长久发展，领导者往往会把自己的管理主张和观点隐瞒起来，也会委曲求全地做一些与自身观念相违背的事情。这可以说是一种“韬光养晦”。韬光养晦是一个领导者必备的品格。历史上那些为君王打下江山的功勋卓著的开国大臣为什么不是被开国君王规劝告老还乡，就是被找一个理由杀掉。虽然理由很多，但更重要的是这些大臣虽然跟随这个君王很久，却只知道这个君王的办事风格和个人性格特点，而没悟到这个君王表面现象之后的内在心理诉求，往往被表面现象所迷惑。比如越王勾践本人是一个多疑和心胸不太开阔的君王，但为了成就霸业，表面变得谦卑和包容。同样身为大臣的范蠡和文仲却对此感悟不一样。文仲只知道勾践的文化，而范蠡却不仅知道勾践的文化，更悟到了勾践除了表面的文化现象之外的实质文化。所以，等越王勾践成就霸业时，范蠡毅然离开了勾践，而文仲却不听范蠡对他的规劝，认为勾践是一个能与之同甘共苦的人，结果文仲被杀，而范蠡成了有名的陶朱公。汉高祖与韩信的故事也是一样，为了成就霸业，刘邦好像是很谦虚的，对韩信很尊敬，但韩信却没有悟到刘邦的真实性格和文化个性，在刘邦面前有时自恃功高而忘了君臣之礼，导致最后错判形势被刘邦杀掉。纵观历史，能在一个组织中善终的大臣必是悟到了这个组织和组织的领导文化实质的人。

在中国，有着合伙人组织架构的企业往往发展得并不是太好，究其原因与这些企业的员工大部分不坐班有关系。如果一个企业的员工不能在同一个企业环境中长期办公，就不可能形成共同的文化共性。即使这个企业有很深的文化底蕴，有很完整的文化体系，可是它的文化力却是最弱的。因为不坐班的员工只是“知道”企业文化而不是“悟到”企业文化，不在这个企业长时间地办公和员工相处，就感悟不到企业的习惯性行为，呼吸不到弥漫在企业各个角落的企业文化氛围，也就无法认同和融入这个企业，永远像外人一样与这个企业形成不了默契。所以，一个企业要有强大的生命力，招聘兼职员工和采取不坐班的上班形式在多数情况下是不可行的。

习惯性的固化行为模式和心理默契是企业文化很重要的表现形式。要达到这两个境界，必须把企业文化内化于心，必须让员工“悟到”企业文化的实质，而不是让员工简单地“知道”企业文化的几个要素。企业文化是无形的，它贯穿于企业从创始到终结，它是弥漫在企业各个角落中的空气，它又是一个企业的思维和行为的习惯，领会企业文化要靠“悟”，而不是简单的“知”。

09 财神爷范蠡的财富观

今天中国很多商家和百姓都有拜财神的民俗，每逢春节等重大节日都会请一幅财神画贴在家里以祈求来年生意兴隆，财源滚滚。在他们眼中，财神是能带来财富的神。中国民间供奉的财神有文武财神两种，其中武财神的原型是忠义千秋的关公，而文财神则是被尊为陶朱公的范蠡。关羽的故事通过《三国演义》已家喻户晓，在中国传统文化中，忠义是获得财富的最高道德伦理要求，不仁不义就是拥有了财富也是不被社会所接受和认可的。文财神陶朱公范蠡相比之下知道的人并不是很多，其实陶朱公范蠡在中国历史上名气一点都不比关老爷差，中国四大美女之一西施的意中人就是范蠡。之所以把范蠡神话为财神爷，这与他的财富观有很大关系。

范蠡，春秋时期越国的政治家、军事家，辅助勾践20多年，在越国被吴国灭掉时，他提出降吴复国的计策，并随同越王勾践一同到吴国为奴，后又千方百计谋划，使勾践得以回国，成为辅助勾践灭吴复国的第一谋臣，官拜上将军。

当勾践复国之后，范蠡了解勾践是一个可以共患难但不能同安乐的人，于是急流勇退，毅然弃官而去。他首先到了齐国，被拜为相，但他退隐山林的决心已定，不久又辞官而去，到当时的商业中心——今天的山东定陶一带定居，自称“朱公”，人们称他“陶朱公”。他在这里既经营商业，又从事农业和牧业，很快就表现出了非凡的经商才能，成了大富翁。但在范蠡一生中，他3次将财富分给朋友和百姓，分完以后又重新创业，而且在创业中始终以诚信和仁义为经营的出发点。他从来不像一般商家那样精打细算，盘剥敛财，而是对合作者谦和礼让，对待雇工十分慷慨。遇到灾年减产，他就减免地租，同时开粥厂赈济灾民。在年初，他和一些农民、商人签订商品收购合约，到年底如果商品价格上涨，范蠡按照市场现价收购，如果价格下跌，就严格履行合约价格。由于他的诚信和仁义使他3次千金散尽后很快又能取得商业上的成功。《史记·货殖列传》中记载了他的故事，并评价道：“十九年之中三致千金，再分散与贫交疏昆弟。此所谓富好行其德者也。”

兼济天下
金钱至上
危险！

范蠡这种乐善好施回报社会的善举，更使他的经商之道和诚信仁义远近闻名，流传后世。正因为他仗义疏财，从事各种公益事业，因而获得“富而行其德”的美名，成为几千年来的商业楷模，史称“商圣”，所以被后人推崇为能带来财富的财神爷的化身。

范蠡之所以流芳千古，被后人顶礼膜拜不仅仅是因为他商业上的成功，更多的是由于他的财富观。他是儒家“达则兼济天下，穷则独善其身”的典型代表，可谓中国儒商的代表，他把财富看成人生过程中体现社会责任的一个载体。在经商的过程中，他还运用自己的商业智慧去带动一个地方的黎民百姓致富，他教会了当地人民制陶和制酱技术，使许多百姓过上了富裕的日子。在他变为巨贾时，他认为财富是取之于民的，应该再回到社会中去，所以他毅然把千金散了出去。

回望历史不禁要思今，谈到财富观和社会责任问题，我们不妨看看现在的企业家们的表现。我们现在的企业家群体虽然大多数还是很好的，但社会上却有些企业家把追求财富变为人生终极目标，为了追求财富不择手段，把诚信和道义丢在了一边，在拥有大量财富后，不仅没有社会责任感，反而变得更加贪婪。这些人为富不仁，不仅没有一点“达则兼济天下”的社会责任感，反而做出一些有损于民众和社会的事情，三聚氰胺、瘦肉精等就是典型的例子。

现在社会上极少数人有仇富的心态，虽然有很多深层次的原因，但与有些富人的道德品行不高也有很大关系。获得财富是人生成功的一个方面，而运用财富以获得社会和民众的认可和爱戴，才是最大的成功。

我们的企业家到了应该反思的时候了，人生终极目标及人生的价值究竟是什么？范蠡两次入相，然后弃官从商，三次散尽千金，最后归隐山水之间成了一个“渔翁”，人生何等的潇洒和畅快淋漓。我们的企业家大都还是金钱的奴隶，没有把财富与回报民众和社会联系在一起。富了以后怎么办？这应该是我们的企业家面临的一个大课题，不妨学学我们的财神爷！

范蠡不仅是一个商业理论家，创建了许多古典的商业理论，还是一个富了之后履行社会责任的典范，他的财富观值得我们每个企业家学习。我们在膜拜他祈求发财时，他已用自身的经历告诉了我们获取财富的秘诀。

中国管理往事

10 孔子详解屌丝颜回快乐人生的奥秘

在企业这个组织内，培养员工建立正确的人生幸福观和让员工有幸福感是企业管理的新课题。企业家除了给员工提供物质报酬外，还要给员工提供精神报酬，这是对企业管理的更高要求，毕竟幸福是人类永恒的追求。西方管理学更多的是关心员工的行为规范和和员工的外在表现。要想做到幸福管理，还必须得从中国传统文化入手，走中国化幸福管理之路。

我国传统的儒家哲学中一个很重要的理念就是，人最重要的是追求物质之外的精神幸福。在企业中用儒家文化管理和引导员工建立正确的幸福观，并以此为出发点进行员工的幸福管理，是新时期企业文化建设的重要组成部分。

中国人有自己独特的幸福观，中国传统文化中的幸福往往是超越于物质之上的，无论是儒家、道家还是佛家，均把精神上的满足作为人生幸福的最终追求，将道德和气节作为衡量幸福与否的标准之一。中国的文学作品往往把神仙的生活描述为不食人间烟火的精神富足者。物质只是作为人生在世的一个基本生活需求，这其实是与西方心理学家马斯洛的“需求金字塔”相一致的，马斯洛把尊重的需要作为人生的最终需求。他只说出了中国传统幸福观的一部分。中国人更多的是在意自修，“心外无物”是自修的最高境界。

儒家经典故事“孔颜之乐”就是中国人幸福观的集中体现。《论语・雍也》里有一段孔子对弟子颜回的评价，孔子说：“贤哉，回也！一箪食，一瓢饮，在陋巷，人不堪其忧，回也不改其乐。贤哉，回也！”这一段话的意思是：“颜回的品质是多么高尚啊！一碗饭，一瓢水，住在简陋的小屋里，别人都忍受不了这种穷困清苦，颜回却没有改变他向道的乐趣。颜回的品质是多么高尚啊！”孔子的实际意图并非是要人们刻意追求清贫，而是通过对颜回的赞扬，表述了儒家对快乐和幸福的理解及衡量标准。孔子认为幸福快乐是与物质没多大关系的。“安贫乐道”其实就是儒家的幸福观。孔子认为：一个人即使是住在简陋的环境中，吃着粗茶淡饭，只要精神富足，人生也能乐在其中，仍然能孜孜好学，感到幸福，而且这种幸福是来源于内心深处的。孔子在《论语・述而》

孔教授讲管理
建立正确的人生
幸福观

中对这种幸福哲学理念做了更进一步的阐述，他说："饭疏食，饮水，曲肱而枕之，乐亦在其中矣。不义而富且贵，于我如浮云。" 意思是："即便是吃简单的食物，喝白水，弯起胳膊当枕头，快乐自在其中。非道义手段得到的富贵，对于我来说就像天上的浮云。"孔子这种对快乐和幸福的阐述被后人称为 "孔颜之乐"。"孔颜之乐"是儒家幸福观的典范，在孔子的哲学思想中，人最大的追求与幸福就是"乐道"，这里的"道"其实就是人生理想。只有把人生的快乐和幸福建立在对理想的追求上，这个人才能"安贫"，而人生的理想来源于每个人内心的追求。每个人的理想是不一样的，但人生理想绝不是单纯的"吃喝玩乐"，人生的理想一定是泛爱众的，我们每个人的理想不一定多么高远，但一定是建立在道德之上的。

"孔颜之乐"告诉我们，在企业这个组织中，要想做好幸福管理，就要做到以下几点。

第一，做好员工的幸福管理，就要让员工树立正确的幸福观，要让员工有理想、有追求，要改变员工的心态模式。员工的心态模式很重要，只有员工有了一颗超然的心态，才能对人生有正确的幸福感悟。一定要让员工明白幸福来源于每个人内心的感受，来源于对理想的坚持和追求，而并不取决于拥有物质的多少。如果能建立一种像孔颜之乐一样的"安贫乐道"的幸福观，那么员工就能够经受物质与利益的诱惑，减少虚荣带来的内心折磨，无论面对如何复杂多变的环境，都能够始终保持一颗恬淡、安然的心。这样的企业就会形成一个人人能感知幸福的环境和氛围，幸福管理就会开花结果。在革命战争年代，许多家境优渥的知识青年奔赴西北小城延安，甘愿过清贫的日子，并做好了随时牺牲的准备，他们却感到很幸福，就是因为他们有理想，有正确的人生幸福观。今天，一个员工无论在什么企业工作，比起他们来说，所处环境要优越很多，却没有幸福感，关键是我们当下缺少了理想，没有了追求，更没有了正确的幸福观，所以幸福管理关键要从员工的人生观、价值观入手。

第二，做好员工的幸福管理，就要培养员工树立乐天豁达的包容观。孔子和颜回之所以在任何环境下都能够有幸福、快乐、喜悦的感受，是因为他们不但有着远大的理想和抱负，更有着乐天豁达的包容观，对当下的环境和处境有一个乐观包容的心态。他们从不挑剔环境，而是用强大的内心世界去包容和接受当下，他们的内心每时每刻都与外部发生的事情融为一体，不批判，不抗拒，贫乏就享受贫乏，疼痛就享受疼痛，简陋就享受简陋。在乐天的同时，他们也积极地去改变周围的环境和不利氛围。新中国成立后，那些从国外回来的科学家，他们在国外过着很优越的生活，但回到百废待兴的新中国后，他们没有抱怨，脱下西服穿上了粗布中山服，马上变成了一个普通劳动者，并用自己的努力改变着这个国家的命运。当记者采访他们时，他们中没有一个人抱怨，都是乐观包容的。如果在一个企业中我们的员工能够像孔子和颜回一样，无论身处怎样的环境、岗位，被分配了怎样的工作，都能够在每时每刻与自身所处的外界环境和谐相处，安住当下，少一分幻想、浮躁，多一分专注、钻研，自然就能从内心深处流露出一种喜悦的力量，并以积极的心态通过自己的努力去改变当下的一切，而不是一味地怨天尤人，这才是幸福管理的目的。

第三，做好员工的幸福管理，就要教育员工树立“幸福是靠自己的努力得来的，不是靠别人给予的”这一理念。一分耕耘一分收获，种什么豆就会结什么果，人生的成功与幸福从来都垂青于努力奋斗、辛勤耕耘的人。人生在奔向幸福之路上的种种奋斗历程本身就是幸福，幸福有时是一个结果，有时也是一个过程。不管是在历史还是现实中，我们都会发现，任何收获幸福的事业和家庭，都有一部酸甜苦辣的奋斗史，没有什么人能从别人那里白白获得幸福。

第四，做好员工的幸福管理，就要教育员工树立“知足常乐”的人生理念。一个人要有幸福感，一定要知足。我们每个人由于家庭、文化、社会环境及其他一些因素的影响，客观上造成了一些现实中的差异和不公平。如何看待这些问题，也是我们每个人能否幸福的关键。正确的态度是，对于我们能改变的，我们积极去改变；对不能改变的，我们应该顺应它。我们必须有一颗知足的心，要明白人生其实不是与别人比，而是要与自己的过去、现在和未来比。现实中我们习惯了横向比，而且老与比我们成功的人比，这样往往很容易陷入痛苦之中。我们应该与我们的过去比，这样就会有幸福感。知足并不是让我们的员工打消上进心，这是两个概念。幸福管理就是既要让员工积极努力去创造幸福，又要让他们知足常乐，这样员工的幸福指数才会提高。

第五，做好员工的幸福管理，就要教育员工树立质朴自然的幸福理念。孔子一生都想做一些平天下的大事，但一生都不太如愿，过着漂泊动荡的生活。但从他的谈话中，除了有一些报国无门的无奈之外，并没有不幸福的感觉。原因在于他并不刻意追求外在环境的优越，而在简朴自然中寻求生命的质感。他不被虚荣所累，简单的生活同样能够承载厚重的情怀，在箪食瓢饮中依然享受着快乐。我们现代人之所以离幸福越来越远，是因为价值观的偏失，认为“幸福是繁荣，幸福是别人的崇拜，幸福是自我的高人一等”，因为有这个错误理念，人们在不断追逐，却始终难以满足这种虚荣心，老觉得自己的欲望得不到满足，所以精神上的压力越来越大，幸福感荡然无存。因此，应引导员工正确地认识自己，放弃一味地追求外在身份标签，树立在质朴自然中捕捉内心的幸福的理念。

当今社会人们普遍感到不幸福，原因固然很多，其中一个很重要的原因就是我们的文化断代，由于文化意识形态的薄弱，我们现代人丧失了理想，没有了追求，也丢掉了人生的幸福之道。古人讲“乐道”才能“安贫”，“乐道”才能幸福，我们的确到了探寻幸福本质的时候了。在一个企业中，要让员工感到幸福，同样要让员工“乐道”，只有员工有了正确的“道”，也就是有了正确的价值观和幸福观之后，他们才能真正幸福起来。

“孔颜之乐”的积极幸福观对现代中国企业的幸福管理有很大的启发意义，如果让员工拥有了“宠辱不惊，看庭前花开花落；去留无意，望天上云卷云舒”的超然气质和包容豁达的知足心态，这个企业一定是幸福企业，这个企业的员工也一定是幸福员工。

中国管理往事

11 从扁鹊三兄弟的医道看管理的精髓

在企业管理中，人们往往把能力挽狂澜、将处于危难中的企业带入正轨的企业领袖视为英雄，把虽屡经磨难仍能带领企业渡过难关的企业领袖视为传奇人物。这种企业领袖一般很有魅力，一个企业的员工能遇到这么一个领袖无疑是很幸运的，但这样的领袖是否能称霸江湖呢？答案是未必能够。因为衡量一个领袖是否能称霸江湖，一定要看他对这个江湖的影响力能维持多久，要看他领导的企业是否能基业长青，昙花一现的领袖不会成为江湖上的霸主的。许多早些年红遍中国商界江湖的企业领袖，现在早已成为江湖上的一缕青烟随风飘得无影无踪了。因为一个领袖要想称霸江湖，一定要集战略家和管控家于一身，一定是一个能让企业远离疾病、不得病和持续健康发展的保健师，而不是一个经常让企业得病而给企业不断输液和打针的所谓的妙手良医，因为，这样的“良医”虽然能使企业暂时恢复健康，但企业元气已经大伤，要想持续发展，已没有了足够的动力和能量。

司马迁的《史记》上有一篇关于名医扁鹊和他的兄弟的故事，魏文侯曾问扁鹊：“你们三兄弟中谁最善于当医生？”扁鹊回答说：“长兄医术最好，中兄次之，我最差。”文侯说：“可以说来听听吗？”扁鹊说：“长兄治病，是治于病情未发作之前。由于一般人不知道他事先能铲除病因，所以他的名气无法传出去。中兄治病，是治于病情初起之时，一般人以为他只能治轻微的小病，所以他的名气只及于乡里。而我是治于病情严重之时，在经脉上穿针管来放血，在皮肤上敷药，所以都以为我的医术最高明，名声因此响遍天下。”这便是为后人所津津乐道的扁鹊三兄弟故事。

这个故事很形象地说明了一个道理，真正能被武林中认可的企业领袖并不是一个能给企业制造暂时的奇迹和速度，并能给企业吃药和打针的所谓神医，而是一个能使企业持续健康不得各种病的营养师和保健师，用行业术语讲，一定是一个战略家和管控家。蒙牛的牛根生从乳业巨头伊利出来，靠几个朋友凑起来的 1000 多万元，用委托工厂出产品和先打品牌后建厂的理念，带领蒙牛创造了一个又一个奇迹，用 3 年的时间跻身于中国乳业的前三甲。而后又策划了一系列

我只能在病情严重时给人看病，
而他却能在病情未发时铲除病根，
他才是高人！
最佳医术奖

的营销事件，使蒙牛非常规地发展，大多是靠牛根生的个人魅力在维持这个发展速度与辉煌。虽然在牛根生的带领下，蒙牛取得了很大发展，但由于企业不注意对未来风险的控制，没有对企业许多关键环节做好防微杜渐的管控，结果蒙牛很快陷入各种丑闻当中，曾被奉为中国教父级企业家的牛根生黯然下课。他的创业团队也逐渐解散，企业落了个被中粮收购的结局。成也萧何败也萧何，就因为牛根生“武功盖世”，所以他能使蒙牛创造奇迹，但恰恰又因为他“武功盖世”，带领企业渡过了一次又一次的险境，所以才没有在企业发展过程中下足功夫，没有一步一个脚印地把企业真正做到强壮，没有像扁鹊的两位兄长一样做到“治未病”。一个合格的企业领袖一定是一个太极高手，在充满节奏感的进行中带领企业永续发展，而不是通过给企业吃补药使其走向暂时的辉煌。昔日的三株口服液、秦池宴酒和爱多 VCD 都是所谓企业魅力领袖为了企业暂时的繁荣而导致失败的结局。

国外的企业如摩托罗拉、柯达公司也是因为缺乏远见、没有未雨绸缪及防患于未然的意识，结果轰然倒塌。世界上没有强者恒强的铁律，无论他看起来多么卓越，万里长征走了多远，如果一个企业领袖没有“治未病”的本领，那么这个企业不会基业长青，这个企业的领袖也不会成为江湖霸主。美国经济学家柯林斯在其《基业长青》一书中指出，杰出的企业领袖一定是“造钟”人，而不是“报时”人。拥有一个伟大梦想的领袖，或能够高瞻远瞩的魅力型领袖，好比是“报时”人；建立一家公司，使公司在任何一位领袖身后很久，经历许多次产品生命周期仍然欣欣向荣的企业领袖，好比是“造钟人”。一个高瞻远瞩的公司能够坚持不断提供优越的产品和服务，原因在于它是杰出的组织，而不是仅因生产优越的产品和服务才成为伟大的组织。从这里我们就可以知道，一个魅力型领袖其实并不是企业最需要的，他也许能把企业带到一个常人无法达到的高度，但后续的接班人很难延续他的辉煌，所以企业很可能得不到永续发展，而企业需要的真正的企业领袖是一个战略制定者、一个组织构架师和一个有忧患意识的管控家，只有这样这个企业才能基业长青，这个企业的领袖才能奠定其江湖地位，才能真正地成为江湖霸主。

中国管理往事

12 古代“比美”故事中的管理智慧

纵观中国企业，由于我们的企业家缺乏风险意识，造成了许多战略决策上的失误，给企业带来了巨大损失，有的企业甚至因此而破产。这种局面的出现，不仅仅因为我们的企业家缺乏风险管理意识，更主要的是他们由于过去的成功和曾经处在权力的顶峰，长期以来听惯了利益相关者及部下的阿谀奉承，久而久之，以为自己智力超群，才华横溢，能力非凡，决策力和判断力超人，所以听不进别人的意见和建议。在企业重大决策时往往一个人说了算，不对战略做任何调查研究，一个大脑代替了所有的大脑，只凭个人的情感、价值倾向和主观臆断就强权决策。由此，在战略产生的过程中已蕴含了战略失败的危机，这种因个人主观臆断造成战略失误的案例比比皆是，就连历史上大名鼎鼎的一些管理大师也犯过这样的错误。

福特汽车的创始人老福特，通过他自己的研究发明了一种结构简单、造价低廉的黑色 T 型汽车。他的福特汽车公司由此获得了很大的成功，他对自己创造的这一产品产生了深厚的情感。后来市场发生了很大的变化，人们的消费水平提高了，不再满足于这样一种产品，而追求档次高、个性化的产品。但他无视这种变化，固执地仍只生产自己的黑色 T 型汽车。而他的儿子把握住市场变化趋势，组织人力、物力研发出适应市场变化的新产品。但由于对黑色 T 型汽车的特殊情感，老福特看不到市场的变化，也拒绝适应这种变化。他武断地否定了儿子的努力，公开砸毁了由他儿子主持研发出来的新产品。他的企业也为这一决策付出了惨重的代价，败给了通用汽车，丢掉了汽车行业的龙头地位。

从福特汽车的案例中我们不难看出，一个企业家在制定企业战略时一定不能凭自己的惯性思维和过去的经验独断专行，应该三思而后行，应该集思广益，听取各方的意见和建议，不要让一个人的大脑驾驭所有人的大脑，即使自己是管理大师，也要虚心听取别人的劝告。因为管理大师体现的是管理能力，而战略更多的是体现企业家的预见能力，这两者有本质的区别。企业家在制定战略时，预测和推理往往是感性的，不能从事物的客观规律出发，不能理性地听取别人的

假话

意见，所以制定的战略肯定是片面的。中国历史上著名的“邹忌比美”的故事就很形象地说明了这个道理。

《战国策·邹忌讽齐王纳谏》上说，邹忌修八尺有余，而形貌昳丽。朝服衣冠，窥镜，谓其妻曰：“我孰与城北徐公美？”其妻曰：“君美甚，徐公何能及君也？”城北徐公，齐国之美丽者也。忌不自信，而复问其妾曰：“吾孰与徐公美？”妾曰：“徐公何能及君也！”旦日，客从外来，与坐谈，问之：“吾与徐公孰美？”客曰：“徐公不若君之美也。”明日，徐公来，孰视之，自以为不如；窥镜而自视，又弗如远甚。暮寝而思之，曰：“吾妻之美我者，私我也；妾之美我者，畏我也；客之美我者，欲有求于我也。”

这段话大意是：

战国时，齐国人邹忌长得身材魁梧，容貌俊美。有一天早上，他穿好衣服，戴上帽子，正在照镜子的时候，忽然想起人们都说城北的徐公长得漂亮。于是，他问妻子：“我和城北徐公比，谁长得好看？”妻子说：“你好看多了，徐公怎么能比得上你呢？”邹忌有点不相信，又问他的小老婆：“我和城北徐公比，谁长得好看？”小老婆说：“徐公怎么能比得上你呢？”白天，来了个客人。在谈话中，邹忌又问客人：“我和城北徐公比，谁长得好看？”客人说：“徐公不如你好看。”第二天，徐公来拜访邹忌。邹忌仔细地看徐公的相貌，觉得自己不如徐公；再照镜子，更觉得比徐公差得远。于是邹忌想，我明明不如徐公美，为什么这些人都要说我美呢？妻子说我美，是因为她爱我，有偏见；小老婆说我美，是因为她怕我，不敢说真话；客人说我美，是因为他有求于我，所以拣好听的说。

“邹忌比美”这一典故很好地诠释了要想正确把握事物发展的客观规律，一定要对这个事物加以分析，不要盲目自信，不要主观臆断，而要很理性地对这个事物做全面的调查研究，这样才会避免因不了解事物的发展方向而造成不科学的决策。

一个企业的战略决策不应该由企业家一个人来制定，因为企业家的价值偏好和情感因素等诸多方面都有片面性。其实，在制定战略时，企业家应当向邹忌学习，多多分析思考，多照镜子，多做理性推理，多听来自部下的意见，多做调查研究，一定要摒弃过去的惯性思维，真正把握事物的发展规律，这样才能避免战略决策的失误。

13 韩非子“抱法处势”的管理之道

在中国历史长河中，曾出现“百家争鸣”的文化现象。虽然从汉代汉武帝开始，中国统治阶级把以孔子为代表的儒家学说作为治国的正统思想，但其他诸子学说，也没有被抛弃，其中以韩非子为代表的法家学说也成为统治者治国的重要工具和方法。法家的治国理念主要是统治者治国一定要掌握“法、术、势”的平衡，其中“法”是维护国家秩序的根本，“术”是维护统治的方法和手段，“势”是“法”能够执行的凭借和基础。

法家认为，君王能够统治国家的首要原因并不在于其能力强、品德高，而是由于拥有“势”，所以才位尊权重，没有这个，必将功不立、名不遂。可以说，中国古代礼仪中繁杂的等级礼仪就是为统治者“建势”和“造势”服务的。孔子德行高洁，名誉海内，但却要臣服于鲁哀公，就在于孔子“非怀其义，服其势也”。所以，法家代表人物韩非就说：“君执柄以处势，故令行禁止。柄者，杀生之制也。势者，胜众之资也。”在这里韩非子把“势”看作统治者相对于被统治者所拥有的优势或特权，柄是具体而有形的掌握下属命运的生杀大权，势则是有形的权所产生的无形的影响力。这种影响力是“法”能顺利执行的很好助力。

心理学研究表明：对死亡的恐惧比死亡本身更可怕。势是一种比有形的权更强大的无形的威慑力量，因为它无形，所以无孔不入、无处不在。权是不能随便用的，“权不欲见”，“邦之利器不可以示人”，其作用范围也很小。“杀鸡给猴看”就是用小范围的刑罚来产生大范围的威慑作用，这正是权与势的完美结合产生的妙用。总而言之，君主拥有的势力越大、越强，获得的威严、尊敬也越多，一旦失势，不仅会失去人君之威严，更有性命之忧。

慎到是法家主要代表人物，他在主张依“法”治国的同时，强调并重视“势”。法家思想中关于“势”的理论，被慎到发挥得淋漓尽致。在战国时代复杂尖锐的政治斗争的背景下，势的理论得到了充分的发展和实践。所谓“势”，即权势。势并非单独存在的，势要依法，而法要借势。法与势是相互依托的，没有法难以保证权势，没有权势，法又不能顺利贯

没有权势，再好的制度也推行不了！
这么好的制度，没人听，不服从！
权势
规章制度

彻执行。慎到认为，重“势”与尚“法”有内在的联系，重“势”是为了尚“法”，而尚“法”又必须重“势”。

慎到对“势”有这样的形容：“腾蛇游雾，飞龙乘云，云罢雾霁，与蚓蚁同，则失其所乘也。故贤而屈于不肖者，权轻也；不肖而服于贤者，位尊也。尧为匹夫，不能使其邻家；至南面而王，则令行禁止。由此观之，贤不足以服不肖，而势位足以屈贤矣。”重“势”是为了重视法律，君主只有掌握了权势，才能保证法律的执行。慎到把君主和权势分别比喻为飞龙和云雾，飞龙有了云雾才能飞得高，如果云雾散去，飞龙就是地上的蚯蚓了。如果有了权势，即使像夏桀那样的昏庸残暴，命令也能执行，即“令则行，禁则止”。如果没有权势，即使像尧那样贤德，百姓也不听从命令。所以，慎到反对“德治”，因为法家一向有着“中人之治”的思想，认为人的本性正是趋利避害，“德治”不可能使法律贯彻执行，会产生很多弊端。

到了战国后期，法家的集大成者韩非继承并发展了慎到的“势治”说。首先，韩非强调必须集中一切权力于君主一身，并言：“臣重之实，擅主也。有擅主之臣，则君令不下究，臣情不上通。一人之力能隔君臣之间，使善败不闻，祸福不通，故有不葬之患也。”“权势不可以借人，上失其一，臣以为百。故臣得借则力多，力多则内外为用，内外为用则人主壅。”“国之利器不可以示人。”由此可见，韩非提出君主要绝对权威，不允许以下犯上。韩非关于“势”的思想比慎到更前进了一步，表现在其“抱法处势则治，背法去势则乱”的“法”“势”相结合的思想。依照法拥有权势则天下大治，违背法则权势亦不能维持。掌握权势的人如果能秉公执法，法借助权势产生的威力和效率自然会更大；反之，带来的危害也很大。韩非不仅看到法治需要依靠权势，而且认为要很好地运用权势，使其发挥应有的作用，还需要“法”的强有力的手段。

韩非认为，治理天下的君主从天资上说大都为中人，自己的治国理论就是为这些君主提出的。才能平庸的君主只要能做到抱法处势，把法治和权势结合起来，就可以将国家治理得有声有色；相反，如果背离法度，丢弃权势，就会天下大乱。按照韩非的观点，一个理想的、足以控制局面的控制系统，其中必须有一个能决定和支配其整个系统的控制中心，设立有这样一个控制中心的控制系统，是实现对组织有效控制的根本条件。法家以国家治强为目标，首要之点便是稳固君权。法家主张君主政治代替封建政治，君主集权便是基本要点。因此，在法家看来，强化“君”势是国家组织结构中的基本点。

法家认为，势是与法、术并列的治国要素之一，而且势还是保证法和术得以顺利实施的条件。韩非子在《韩非子·功名篇》中说：“夫有材而无势，虽贤不能治不肖。”意思是指，一个人仅贤能是不够的，还得有“势”，不然就无法让不肖者服从，无法保证组织的良性发展。所以，一个组织要想很好地推行既定的制度，就必须有权力的保障，而这个权力就是“势”。同样，企业的领导者必须拥有绝对的权威，才能够顺利实施管理企业的法与术。为使企业制度和企业文化真正能够落地，管理者也应因势利导，利用企业所赋予的权力，用以身作则和自身的修养来建立“势”，在推行企业制度时，一定要以法为本，同时还要学会“处势”与“借势”。

作为一个企业的管理者，需要拥有管理的权力，更应具备领导者的“气势”。如何建立领导者的“气势”，就涉及企业家如何处势的问题了。企业家要建立威信和气势，首先要明白和了解自己所处的地位，明确所扮演的管理角色的责、权、利。管理者树立权威绝对不是肆意妄为，骄纵跋扈，更不是借助自身角色任意提拔或惩罚下属。单靠“管理者”的头衔来管理下属，不但不能在员工中形成威望，反而会让员工“畏”而不敬。管理层应按照公司的文化践行日常工作；管理层应明确企业制度，并以身作则，依照制度行事；管理层应钻研业务，无论是管理之道还是公司的业务体系，都应精通但未必亲为；管理层待人要公正，不以个人喜好论断，而是依照公司的制度来评判下属的工作，若制度之中没有明确，便依照公司价值观来评判事务；管理者应擅长沟通，善用制度，奖惩并济，在制度面前铁面无私，绝不妥协。一名管理者只有具备了上述各项素质，才能成为一个好的管理者，成为一个深受员工尊重的管理者，才能建立起“势”。

韩非子曾深刻地指出，君临天下，依凭的是势。而势就如高山顶上的一棵树，它之所以高高在上，是因为它足踏高山，以高山做基石。这表明，势靠位尊权重而得，势也靠造势而得。商鞅依靠秦孝公作后盾推行新法，无往不利，但孝公一亡，商鞅就失去了靠山、保障，走投无路。在现代企业中，企业文化的建设、推行以及制度的全员践行也需要“借势”，借助已经树立的管理权威，上行下效。在一个管理团队中，管理者身先士卒，恪守企业文化，以企业价值观作为行事的准则，并且按照企业制度规范自我工作行为，同时按照制度的原则奖罚分明，能够成为企业行为的楷模时，全体员工才会逐步养成正确的工作习惯，企业制度和企业文化才能像空气一样渗入到企业内部的方方面面。

在现代企业管理中，之所以会出现“有令不行，有禁不止”的现象，重要原因之一就是管理者自身不正，不能以身作则。只有管理者率先垂范，方可服人。在联想集团，任何规章制度一旦公布就必须坚决地执行，如果有人违反规定，就要自觉地去执行惩罚条例，概无例外。针对开会常有人迟到的现象，联想制定了一个会议管理条例，规定凡有会议，所有人都不能迟到，迟到者将被要求在前面站上一分钟，会议也停下来奉陪。被罚站的第一个人是吴文祥，他是柳传志的老领导。柳传志对他说："今天，你在这儿站一分钟，今晚我到你家，给你站一分钟。但现在你必须罚站，不这样，今后会议没法开，所有的人都忙，都有理由迟到。"吴文祥满脸通红真的站了一分钟，出了一身汗，柳传志也冒了一身汗。柳传志本人也被罚站过3次，他自己说："其实不算多，我开会最多，迟到机会最多。有一次，电梯坏了，我被困在里面，我拼命敲门，叫人请假，可周围没人，这也是要罚站的。"联想从几百人发展到上万人的规模，始终能够坚持执行这项规定，关键就在于领导班子带头遵守纪律，为员工做出了榜样。

管理者应该用智慧运"势"，势的存在是为了推行公司制度和文化，而并非逞一时之快。利用自身所在之"势"，以身作则，因势利导，常抓不懈，才能够将制度和文化深植人心。法家之"势"是推行"法"的一种工具和手段，企业管理之"势"是贯彻"法"——企业制度的强大推手。企业管理者应善用管理角色，不断地"处势"和"借势"，这样企业的制度和文化才能进一步落地。

14

庄子告诉企业家，从鲲到鹏必须具备3种精神

要想成为一个合格的、成功的企业家，一定要具有3种精神。人生是一个动态的历程，企业发展也是个动态的过程。尼采在《查拉图斯特拉如是说》中有“精神三变”的论述。这就提醒我们，企业家首先要有骆驼精神，在企业成长中必须要有忍辱负重的韧性，必须做好行走在没有水的沙漠中的准备。其次，必须要有狮子精神，要有霸气和勇气，要有对传统或者世俗不合理的价值观念进行挑战的信念和理想。再次，还要有婴儿精神。因为光有韧性和勇气不足以成就与众不同的事业，要想成功还必须有创新精神，婴儿精神就代表着创造新价值的开端。有了这3种精神，企业家才有成功的可能。

当苹果手机风靡世界时，人们把苹果的创始人乔布斯视

为经营之神，有关乔布斯的传记随即出版了很多，在各种版本的传记中，对乔布斯的成功做了各种表述，非常零乱，但是我们细细分析，乔布斯的成功经验归根结底都没有脱离这3种精神。乔布斯最显著的特征就是有骆驼的韧性、狮子的勇气，还有婴儿般天真无畏的创新精神。当苹果公司濒临倒闭时，是骆驼精神帮他度过了最艰难的日子；当人们都反对他、怀疑他和耻笑他时，是狮子精神给予了他勇气；又是婴儿般的性格和对世界无拘无束的好奇及创新精神使他开创了工业、艺术及时尚完美结合的先河。所以说，乔布斯是这3种精神的践行者，这3种精神是乔布斯成功的关键原因。

企业家必须有的这3种精神也是人生动态的需要，只有在不同的人生阶段采取不同的方法，人生才能有质的变化和飞跃。早在2000多年前，道家代表人物老子和庄子在人生是个动态过程方面就有了精彩的论述。在道家名著《庄子》中共有180多个寓言，其中鲲鹏展翅这个故事就说明了人生的变化莫测。《庄子·逍遥游》中说："北冥有鱼，其名为鲲。鲲之大，不知其几千里也。化而为鸟，其名为鹏。鹏之背，不知其几千里也；怒而飞，其翼若垂天之云。是鸟也，海运则将徙于南冥。南冥者，天池也。"这个寓言故事无疑是一则想象哲学中具有典范性的题材。庄子借变形的鲲鹏，拉开了一个无限性的思维空间。庄子借描写鲲和鹏的巨大来衬托心灵的宽广。其中"化为鸟"的"化"字是重

韧性
霸气
创新
管理

要的哲学概念。由鲲变为鹏是一个质的变化和飞跃，企业家要想由鲲变成鹏，必须要深蓄厚养，待时而动，要有飞的勇气和胆量。要想真正飞起来，还必须有大无畏的创新精神和一飞冲天的方法与技艺。这其实同样是骆驼精神、狮子精神和婴儿精神的体现。可以说，尼采为动态人生定义的 3 种精神其实就是中国神话中鲲鹏转化的必备条件。企业家要有这 3 种精神，我们每个人也都要有这 3 种精神。拥有了这 3 种精神，我们就可以与动态的人生相融合，就能在漫漫人生中找到生活的乐趣和前行的方法。有了骆驼精神、狮子精神和婴儿精神，我们也就具备了由鲲变成鹏的方法和可能。

中国管理往事

15 庖丁解牛与管理的3种境界

“庖丁解牛”的故事出自《庄子·养生主》，曾被编入中学课本，是广为人知的故事。“庖丁解牛”的故事其实蕴含了很多哲学的理念。在改革的大潮中，许多企业家经过艰苦卓绝的奋斗，造就了许多商业传奇。第一代企业家不少都成了历史的记忆，不是企业从昌盛走向了衰亡，就是企业家本人出现了这样那样的问题。王者归来，最后完美谢幕的寥寥无几。究其原因，根本之处就在于成功之后，他们的心态发生了变化，没有很好地把握企业和自我管理之道。从开始的兢兢业业到以后的浮躁散漫，从开始的小心谨慎到后来的盲目自大，从开始的谦虚平和到后来的唯我独尊，从开始的调查研究到后来的脱离实际，从开始的内敛慎独到后来的飞扬跋扈，这都是其成功之后没有严格要求自己，没有遵循古人内圣外王的哲学管理和处世理念造成的。“庖丁解牛”的故事原是说养生的道理，但同时也揭示了管理者如何“王者归来”的自处之道和处世之道。

“庖丁解牛”的原文如下：

庖丁为文惠君解牛。手之所触，肩之所倚，足之所履，膝之所踦，砉然向然，奏刀騞然，莫不中音。合于《桑林》之舞，乃中《经首》之会。文惠君曰：“嘻，善哉！技盖至此乎？”庖丁释刀对曰：“臣之所好者，道也，进乎技矣。始臣之解牛之时，所见无非牛者。三年之后，未尝见全牛也。方今之时，臣以神遇而不以目视，官知目而神欲行。依乎天理，批大却，导大窾，因其固然，技经肯綮之未尝，而况大軱乎！良庖岁更刀，割也；族庖月更刀，折也。今臣之刀十九年矣，所解数千牛矣，而刀刃若新发于硎。彼节者有间，而刀刃者无厚；以无厚入有间，恢恢乎其于游刃必有余地矣！是以十九年而刀刃若新发于硎。虽然，每至于族，吾见其难为，怵然为戒，视为止，行为迟。动刀甚微，謋然已解，如土委地。提刀而立，为之四顾，为之踌躇满志，善刀而藏之。”文惠君曰：“善哉！吾闻庖丁之言，得养生焉。”

全文的意思如下：

厨师给梁惠王宰牛。手所接触的地方，肩膀所倚靠的地方，脚所踩的地方，膝盖所顶的地方，哗哗作响，进刀时豁

其实也没啥，只要能顺应事物的
自然规律去做，便可迎刃而解。
我是来向您学习的！
管理

豁地，没有不合音律的，合乎汤时《桑林》舞乐的节拍，又合乎尧时《经首》乐曲的节奏。梁惠王说："嘻，好啊！你解牛的技术怎么竟会高超到这种程度啊？"厨师放下刀回答说："我所爱好的，是事物的规律，已经超过一般的技术了。开始我宰牛的时候，眼里所看到的没有不是牛的。3 年以后，目之所见不再是整头的牛了。现在，我凭精神和牛接触，而不用眼睛去看，视觉停止了而精神在活动。依照牛的生理上的天然结构，击入牛体筋骨相接的缝隙，顺着骨节间的空处进刀，依照牛体本来的构造推进，筋脉经络相连的地方和筋骨结合的地方尚且不曾拿刀碰到过，更何况大骨呢！技术好的厨师每年更换一把刀，是用刀硬割断筋肉；一般的厨师每月就得更换一把刀，是用刀砍断骨头。如今，我的刀用了 19 年，所宰的牛有几千头了，但刀刃锋利得就像刚从磨刀石上磨出来的一样。那牛的骨节有间隙，而刀刃很薄；用很薄的刀刃插入有空隙的骨节，宽宽绰绰，对刀刃的运转必然是有余地的啊！因此，19 年来，刀刃还像刚从磨刀石上磨出来的一样。虽然是这样，每当碰到筋骨交错聚结的地方，我看到那里很难下刀，就小心翼翼地提高警惕，视力集中到一点，动作缓慢下来，动起刀来非常轻，豁啦一声，牛的骨和肉一下子就解开了，像泥土散落在地上一样。我提着刀站立起来，为此举目四望，为此志得意满，然后把刀擦抹干净，收藏起来。"梁惠王说："好啊！我听了厨师的这番话，懂得了养生的道理了。”

这则寓言故事说明，管理者要想取得成功，必须经历管理的3个阶段。庖丁开始解牛时，目有全牛，不懂规律；3年之后，目无全牛，懂得规律；方今之时，游刃有余，应用规律。管理只有经历不懂规律、懂得规律和正确运用规律这3个阶段，管理才渐入佳境。

除此之外，这则故事还揭示了管理者成功后必须把握的自处及处世之道。同时，这也提示了管理者要想达到内圣外王的管理境界所必备的几个哲学理念。

第一，做事一定要了解事物的内在规律，即使很成功也要按规律办事。庖丁顺着自然的生理结构去解剖筋骨盘结的牛，指出虽然世事复杂，但只要能顺应事物的自然规律去做，诸事便可迎刃而解。这说明了一个处世之道：勿强行，勿妄为，否则往往会使成功得而复失。

第二，虽然对事物内在的规律很了解，成竹在胸，事业达到了一个高度，但还要小心谨慎，如履薄冰，并且还要收敛锋芒，低调做人。庖丁解牛，虽然“游刃有余”，但是每次解牛，他总是小心谨慎；解完牛，虽然踌躇满志，但不露锋芒，随即把刀揩干净收藏起来。这种心理上的警觉和行为上的收敛便是自处之道。海尔的张瑞敏和联想的柳传志之所以能走到今天，其中一条就是遵循了虽然功成名就却依然小心翼翼和谦虚谨慎的处世之道。

第三，办事一定要避开锋芒，从长计议，并且要以己之利攻彼之弊，还要休养生息，养精蓄锐。成功永远没有止境，笑到最后的才是真正的胜利者。庖丁解牛 19 年，做到游刃有余的原因就是避实就虚，不局限于每次的成功，把每一次都作为第一次，把每次成功都作为阶段性胜利，把成功定位为常态化和终极化，每一次成功后都把刀收藏起来，养精蓄锐，为下次解牛做准备。

以上所讲的 3 个自处和处世之道其实是中国传统文化哲学思想的精髓所在。管理者最终要达到内圣外王的管理境界，必须要像庖丁解牛那样，做到管理游刃有余，为人低调收敛，办事按规律来办，成功后依然如履薄冰，谦虚谨慎，并且把最后的成功定位为人生的最终目标，这样才能真正地实现“王者归来”。

中国管理往事

16 柳传志向燕昭王学到的人才谋略是什么

管理之道，唯在用人，人才是事业的根本。杰出的领导者唯贤是举，唯才是用，才能在激烈的社会竞争中战无不胜。这已经深深植根于中国企业家的意识中。但是，如何才能网罗到合适的人才为己服务，仍是令每个企业家都很头疼的课题，往往是寻觅了很久，一个合适的也没有找到，于是企业家发出了“人才可遇不可求”的感叹。其实，人才的确不是求来的，而是企业家通过自己的以人为本、善待员工和真正重视人才的管理实践的口碑吸引过来的。

关于如何能找到合适的人才，历史著名的“黄金台招贤”给了我们很好的启示。《战国策·燕策一》记载：公元前312年，燕国国君燕昭王即位之后，因寻觅不到治国安邦的英才，整天闷闷不乐，后来有个谋士郭隗见状就给燕昭王讲述了一个国王买马的故事。说古时候有个国王，派侍臣带千金去买千里马。不料千里马已经死了，但侍臣仍然花了五百金买了这个千里马的马头回来了。国王见状，气得暴跳如雷，侍臣却说："国王，您想一想，如果您就连死了的千里马尚且要买，更不用说活的了！人们听说后，自然会把好马送上门来的。"果不其然，不到1年，就有人陆续送来3匹千里马。郭隗讲完故事说："你要招揽人才，首先要从招纳我郭隗开始，像我郭隗这种才疏学浅的人都能被国君您采用，那些比我本事更大的人，必然会闻风千里迢迢赶来。"后来燕昭王采纳了郭隗的建议，拜郭隗为师，为他建造了豪宅，没多久就形成了"士争凑燕"的局面。投奔而来的有魏国的军事家乐毅，有齐国的阴阳家邹衍，还有赵国的游说家剧辛，等等。落后的燕国一下子便人才济济了。从此以后，一个内乱外祸、满目疮痍的弱国，逐渐成为一个富裕兴旺的强国。

燕昭王一心想招揽人才，但他却只把眼睛向外，忽略了像郭隗这样的人才，一个连身边的人才都不重视的领导者如何能使人相信他对人才的需求如饥似渴呢？可以说，燕昭王"黄金台招贤"的故事告诉我们，领导者要想吸引人才，首先必须重视和挖掘现有的身边的人才，对现有人才一定要重视并给他们创造一个发挥聪明才智的平台、环境和相应的待遇。只有这样，天下的人才才会靠拢过来，

应聘
重视人才

为其所用。另外，还要善待每位员工，要建立“以人为本，唯才是举，人人成才”的人才观，因为每个人的优缺点不同，只要建立一套合理的人才考核和培养机制，发挥每个员工的长处，便可使人人都成为企业的有用之材。如果对一个普通员工都可做到知人善用，那优秀人才一定会投奔这个企业和这个企业家的。

柳传志是较早的中国企业家中硕果仅存的少数人之一。究其原因，这与柳传志善于培养人才和重视人才密不可分。现在联想的总裁杨元庆和神州数码的总裁郭为都是柳传志一手培养起来的，杨元庆与郭为都是从学校毕业就进了联想，跟随柳传志创业的元老，经过十几年的培养和栽培，两人都成了联想的副总裁，杨元庆统率“联想电脑”，郭为率领“联想科技”。联想电脑是联想的主要业务。两人是优缺点极不相同的人，杨元庆是个较内向的人，于是柳传志就让他管联想电脑，因为联想电脑业务单调和枯燥，需要的是坚持和韧性，结果杨元庆做到了。在漫长的岁月中杨元庆天天只做一件事，就是把台式电脑从里到外，从一个元件到另一个元件地改进和包装，并扩大市场。因为柳传志的知人善用，联想电脑取得了巨大的成功。而郭为是一个比较活跃和善于应对不同的人和事的人，所以柳传志就把郭为放到了极具挑战性的数码事业部，因为是代理别人的产品，几乎一天就要面对许多人和许多不同的事，这个工作恰好与郭为的性格很吻合。

郭为总是在关键的时候出现在关键的地方，成了一个很好的先锋官和敲锣兵，因为他所做的工作不是开头，就是收尾。由于用人的精准，郭为的联想科技也做得风生水起。结果杨元庆和郭为都成了优秀的管理者。柳传志又深知，自己退休后，由于杨元庆和郭为性格的差异，可能会导致联想出现不团结的因素，于是毅然把联想拆分，杨元庆和郭为各领导一个公司。因为人的问题而将一家公司分拆，这在中国商业史上罕有成例，但这正显示出柳传志重视人才，善于应用人才的高明之处。

燕昭王和柳传志相距2000年，但重视人才的理念是一致的。未来企业的发展是不可能只依靠一种固定的组织形态和一个固定的用人标准而运作的，必须视企业经营管理的需要而使用不同的团队和不同的人才，每一个领导者都必须学会如何组织团队，如何把握及管理团队中的每个员工的专长，并依此安排适当的职位，依照员工的优缺点，做机动性调整，使团队中的每个成员都发挥最大的效能。

世间并没有一成不变的准则，面对不同的事物，我们需要不同的评判标准。这在人才的管理上尤其明显。一个对其他企业相当有用的人对自己的企业来说不一定有用，而把一个看似无用的人摆正位置也许就能创造出意想不到的收益。成功的企业领导者应该学会发现人才的优点，使得人尽其才，尽量避免人才浪费。总之，对一个企业管理者而言，审慎选择人才是非常重要的，而这必须靠平日不断观察，留意每个人的发展动态，给予人才施展特长的机会，这样才能发掘能干的人才为己所用，企业才能基业长青。

17 鸡鸣狗盗之徒在孟尝君团队建设中的作用与负能量

孟尝君，姓田，名文，是战国时齐国的公子，他与当时赵国的平原君、楚国的春申君、魏国的信陵君，都以“好养士”出名，被称为“战国四公子”。孟尝君当时任齐国相，手握重权，家里养了门客数千人，世人一谈起田先生，多认为他是爱惜人才的模范，被传为千古美谈。

《史记·孟尝君传》载：战国时候，齐国的孟尝君喜欢招纳各种人做门客，号称门客三千。他对门客是来者不拒，有才能的让他们各尽其能，没有才能的也提供食宿。

有一次，孟尝君率领众宾客出使秦国，秦昭王将他留下，想让他当相国。孟尝君不敢得罪秦昭王，只好留下来。不久，大臣们劝秦王说：“留下孟尝君对秦国是不利的，他出身齐国王族，在齐国有封地、有家人，怎么会真心为秦国办事呢？”秦昭王觉得有理，便改变了主意，把孟尝君和他的手下人软禁起来，只等找个借口杀掉。

秦昭王有个最受宠爱的妃子，只要妃子说一，昭王绝不说二。孟尝君派人去向她救助。妃子答应了，条件是拿齐国那件天下无双的狐白裘（用白色狐腋的皮毛做成的皮衣）做报酬。这可叫孟尝君作难了，因为刚到秦国，他便把这件狐白裘献给了秦昭王。就在这时候，有一个门客说：“我能把狐白裘找来！”说完就走了。

原来这个门客最善于钻狗洞偷东西。他先摸清情况，知道秦昭王特别喜爱那件狐裘，一时舍不得穿，放在宫中的精品贮藏室里。他便借着月光，逃过巡逻人的眼睛，轻易地钻进贮藏室把狐白裘偷了出来。妃子见到狐白裘高兴极了，想方设法说服秦昭王放弃了杀孟尝君的念头，并准备过两天为他饯行，送他回齐国。

孟尝君可不敢再等两天，立即率领手下的人连夜偷偷骑马向东快奔。到了函谷关，正是半夜。按秦国法规，函谷关每天鸡叫才开门，半夜时候，鸡怎么可能叫呢？大家正犯愁时，只听见几声“喔喔喔”的雄鸡啼鸣，接着，城关外的雄鸡都打鸣了。原来，孟尝君的另一个门客会学鸡叫，而鸡是只要听到第一声啼叫就立刻会跟着叫起来的。怎么还没睡踏实鸡就叫了呢？守关的士兵虽然觉得奇怪，但也只得起来打开关门，放他们出关了。

天亮了，秦昭王得知孟尝君一行已经逃走，立刻派出人马追赶，追到函谷关，人家已经出关多时了。孟尝君靠着鸡鸣狗盗之士逃回了齐国。

王安石先生有篇著名短文《读孟尝君传》，就根据这个故事对孟尝君养士提出了与其他人不同的看法，原文全篇只有 4 句话 88 字。王安石说："世皆称孟尝君能得士，士以故归之，而卒赖其力以脱于虎豹之秦。呜呼！孟尝君特鸡鸣狗盗之雄耳，岂足以言得士！不然，擅齐之强，得一士焉，宜可以南面而制秦，尚何取鸡鸣狗盗之力哉？鸡鸣狗盗之徒出其门，此士之所以不至也。"这篇被历代文论家誉为"文短气长"的短政论文意思是："世人都称道孟尝君能够招揽士人，士因为这个缘故都归附他，而孟尝君终于依靠他们的力量，从像虎豹一样凶狠的秦国逃脱出来。唉！孟尝君只不过是一群鸡鸣狗盗之人的首领罢了，哪里能够说得上得到了贤士？不是这样的话，靠着齐国强大的国力，孟尝君只要得到一个真正的'士'，齐国应当可以借此成为天下霸主而制伏秦国，还用得着鸡鸣狗盗之徒的力量吗？鸡鸣狗盗之徒出现在他的门庭上，这就是贤士不归附他的原因。" 一生立志革新变法的王安石抨击了"孟尝君能得士"的传统看法，告诫后人不能像孟尝君那样徒有"好养士"的虚名，所养的士是让人不屑一顾的鸡鸣狗盗之徒，而没有济世兴邦的人才跟随他，所以不能脚踏实地为振兴国家做出更大的贡献。王安石的“鸡鸣狗盗之徒出其门，此士之所以不至也”一针见血地指出：你若视小人之辈为“人才”，那么真正的人才是不会为你所用的。

王安石的文章只说明孟尝君所养的门客不是国家所需的栋梁，不是古人认为的“士”，而是一帮鸡鸣狗盗的乌合之众。王安石只指出了孟尝君所犯的一个错误，从管理的角度上看，孟尝君其实犯了集团管理中常容易犯的几个错误。

第一，孟尝君在管控三千人这个庞大的集团时，没有对集团进行统一的战略管控，没有进行统一的人力资源管控，更没有进行统一的文化管控。三千人作为战国一个常态化的组织，是比较庞大的，而且孟尝君领导的这个组织尤为复杂，三千人中掌握的技能和从事的职业不相同，拥有的学历和社会经验不相同，政治形态也不尽相同。如此复杂的组织需要一个统一的战略思维模式来统一千差万别的思路和想法，因为加入孟尝君所领导的组织的每个人的目的都不尽相同。有的是报效国家、实现自己“齐家、治国、平天下”的大丈夫志向；有的是迫于穷困混口饭吃；还有的是仰慕孟尝君的粉丝，想与孟尝君终身相守。这些都给孟尝君领导的集团提出了必须制定统一的、科学的发展战略，制定统一的战略思维模式的要求，这样才能把不同的目标群的每个人的思维统一起来。经过长时间的培训和管控，使集团属下的每个分公司、子公司有一个共同的战略目标，才能保证孟尝君政治抱负的实现，才能打造一支有张力、有凝聚力的报国产业队伍，而不是草根团队。

第二，孟尝君对三千门客这个庞大集团没有建设统一的人力资源管控系统。对人力资源管理采取松散式自由的管理方法，没有建立科学合理的人力资源组织治理体系，没有建立组织框架体系，没有制定人才发展战略、人才管控战略和人才招聘战略。无论是否是人才都统统招募在麾下，没有把不同的人才进行部门化管理，也没有根据岗位和技能制定报酬管理体系，所以孟尝君所领导的集团不会有大的作为。

第三，孟尝君没有对自己所领导的集团进行统一的文化管控，没有建立统一的文化价值理念，没有共同的使命和愿景，没有统一的理念和行为规范，没有实现以文化人、以文化治理集团的管理状态。孟尝君的三千门客不乏国之栋梁，也有鸡鸣狗盗之徒，但不能说鸡鸣狗盗之徒就没有用途，如果没有鸡鸣狗盗之徒的智慧，孟尝君岂能逃出秦国？其实，无论什么员工，如果能够对其进行共同价值观的管理，进行文化管理，那么鸡鸣狗盗之徒完全可与栋梁之士共同工作。因为虽然他们掌握的技能和自身的文化素养有高有低，但如果这些“白领”与“蓝领”心中都有统一的价值观，那么他们完全可以在一起为同一目标而并肩工作，并不是像王安石

共同的目标
谁说我们不能并肩战斗？
栋梁之士
鸡鸣狗盗

所说，如果用了鸡鸣狗盗之徒，那么栋梁之士就不愿意归附孟尝君。如果孟尝君能够进行科学有效的文化管控，那么这两类人才就会齐心协力地团结在一起，为孟尝君服务。

综上所述，孟尝君虽然门客三千，但却没有更大作为的根本原因就是没有对所领导的集团或组织进行有效和科学的管控。“一抓就死，一放就乱”是现在集团所面临的最大问题。我们从孟尝君门客三千的历史故事中得到很好的启示，对企业进行科学有效的管控是企业具有生命力的前提和必要保证。中国有些企业在集团管控方面也存在着与孟尝君同样的问题，目前主要是：治理结构不完善，缺乏有效的激励和约束机制；集团公司组织架构存在缺陷，总部管控能力无法发挥，集团称呼和管理名存实亡；集团总部组织结构和分、子公司的部门设置不适应管控要求，或者效率太低；总部与分、子公司的管理权责不清晰，母子公司的权限边界划分不清楚；分、子公司与母公司之间存在严重的利益博弈情况，根本不能形成战略协同；总部难以对分、子公司的运营实现（经营计划、资金管理、高级人事管理等）有效监控；等等。如果不把这些问题解决好，就会像孟尝君一样，虽门客三千，但最终没能有大的成就。

18 企业家常犯郑人买椟还珠的管理错误

管理不仅是一个实践命题，更多的是一个哲学命题。在一个组织中，各种事务纷繁复杂，需要管理的问题千头万绪，应用哲学理念分清问题的主次，处理好管理的内容和形式的关系，是实现科学管理的关键。

中国有一个成语叫“舍本逐末”，意思是面对一个事物和问题，关注的是这个事物和问题的枝节，即次要矛盾，而把事物根本的问题和主要的部分给丢掉了。现实中我们经常会看到这种“舍本逐末”的管理案例。许多企业家整天忙得不可开交，身心疲惫，但企业却没有管好，乱得一塌糊涂，其实他们犯的毛病就是没有处理好管理的内容和形式的关系，在管理实践中抓不住事务和事务间的主要矛盾，往往被一些琐碎的并不关键的事务所纠缠，投入大量精力，结果却不尽如人意。分不清日常事务的主次对企业的危害是有限的，最可怕的是管理者在进行公司的战略决策时，往往也会舍弃公司的优势，而去做一些公司短板的事情，这样对公司的损害是致命的。我们经常看到一些公司舍弃了自己具备的核心竞争力业务，而盲目转行和盲目转产，结果导致企业的失败。李宁公司大刀阔斧地进行战略转型就是一个案例。过去的李宁公司“一切皆有可能”，不仅净利润连年增长，而且曾超越阿迪达斯成为中国市场份额第二的运动品牌。李宁公司创立已有20多年，形成了跨越多年龄段的消费群体的品牌优势，但后来李宁舍弃了自己的这个品牌优势而转向了年轻人。过分强调消费者的年龄段，不仅背离了李宁公司原有的优势，放弃了原有的品牌追随者群体，还贸然进入别人擅长的领域试图一争高低，这就是舍本逐末。结果自然是公司业绩下滑、订单下降、股价大跌、高管辞职……尤其是2011年以来，李宁公司几乎没有好消息传出。一个被国人看好的公司就这样由于管理的本末倒置而走向了衰败。

还有企业过于急功近利，追求短期利益，往往不在企业产品质量上下功夫，而在处于次要因素的包装上大费心思，结果出现产品质量很差，包装却很精美的“舍本逐末”现象。我们每年的传统节日中秋节的月饼就说明了这一点。6个月饼成本不过几十元，却卖几百元甚至几千元一盒，这就是豪

难道这把椅子更舒服些？
劣势
优势

华包装。厂家为了获得更多的利益，不在产品质量上下功夫，而是过分地装饰与产品本身无关的外表，结果使包装的价值高于商品的价值。在短期内这样做也许会使企业挣到更多的钱，但最后企业一定会出问题的。南京冠生园就是很好的例证。冠生园只是在月饼包装上做文章，却把最重要的月饼质量抛在了脑后，月饼馅用的竟然是陈年老馅，结果企业最终难逃破产的命运。当代中国月饼及其他产品不注重质量而只看重外包装的种种现象，其实是在重复着一个千古著名的买椟还珠故事。

买椟还珠的典故出自《韩非子》，讲述的是一个楚国人打算把一颗漂亮的珍珠卖出去。这个楚国人找来名贵的木兰，为珍珠做了一个盒子（即椟），用桂椒香料把盒子熏得香气扑鼻。然后，用翠鸟的羽毛在盒子的外面精心点缀。一个郑国人将盒子拿在手里看了半天，爱不释手，终于出高价将楚人的盒子买了下来。郑人交过钱后，便拿着盒子往回走。可是过了几天郑人又回来了。楚人以为郑人后悔了要退货，没想到郑人走到楚人面前，将珍珠交给楚人说："先生，我买的只是盒子，您将一颗珍珠忘在盒子里了，我是特意回来还珠子的。"于是，郑人将珍珠交给了楚人，往回走了。只剩下楚人拿着被退回的珍珠，十分尴尬地站在那里。

这个故事不仅在讽刺买方郑国人本末倒置的眼光，更讽刺了楚国人花费高额代价本末倒置的营销手段所导致的尴尬。我们现在有多少企业在重复着不注重“珠”，而把精力和花费用在了“椟”上的故事。我们的管理也在重复着这一故事，企业家不管企业该管的事情，结果只关注那些鸡毛蒜皮的事情。管理是一件非常复杂的事情，面对一大堆需要管理的事情，作为管理者必须分清什么是“珠”，什么是“椟”，以及考虑清楚“珠”和“椟”的关系。俗话说，“打蛇打七寸”，“擒贼先擒王”，企业管理者一定要仔细分析和研究企业中的各种事物，找出隐藏在表象背后的管理核心，并围绕这个核心展开有效的管理。能鉴别事物的本末其实是管理者必须具备的素质，也是一个企业基业长青的基础。企业家要想具备这个素质，不犯买椟还珠的错误，就必须提高自身的文化修养和眼界，必须建立一个正确的核心价值观。急功近利、眼中只有钱的价值观，必然会导致企业管理和产品营销的本末倒置。企业一定要树立一种责任意识和长远观念，一定要有把历史、时代、民族和个人价值融合在一起的情怀。只有在这种精神力量的支配下，企业家才能走出本末倒置的怪圈，才不会犯“买椟还珠”的错误。

中国管理往事

19 从管理学揭秘刘邦从瘪三变身皇帝的原因

作为企业管理者，一定要有胸怀，古语有宰相肚里能撑船的说法，这里说出了当一国宰相的必要条件，若没有“能撑船”的雅量，这个人不可能当上宰相，即使偶然靠机遇当上，如果没有容人的胸怀，这个宰相也当不好。原因很简单，处于一人之下万人之上的管理角色，管理着数百个官员，如果没有海纳百川的择贤用人的气度，就不会有优秀的管理人员为其服务；一味地压制比自己能力强的下属，就不会有治国的能人帮其分担政务和替其管理国家，那么这个宰相如何能当好呢？纵观古今成功者，都是有着宽容的胸怀，重用比自己某一方面能力强的部下才取得成功的。

汉高祖刘邦平定天下之后，在洛阳的庆功宴上就曾说过这样的话："夫运筹帷幄之中，决胜千里之外，吾不如子房；镇国家，抚百姓，给馈饷，不绝粮道，吾不如萧何；连百万之军，战必胜，攻必取，吾不如韩信。此三者，皆大杰也。吾能用之，此所以取天下也。项羽有一范增而不能用，此所以为我擒也。"大臣们听后才明白刘邦取得江山的奥妙。我们知道汉高祖刘邦是平民出身，文化程度最多是一个小学没毕业的水平，但刘邦具有一个管理者最重要的能力和特性，就是他能包容和重用比自己强的下属，恰恰是这一点帮他打败了不可一世的楚霸王项羽。他的文韬武略的确不如张良、萧何、韩信等人，但他却能够用好这些在某方面比自己强的人，容忍下属因为才高气傲对他的怠慢，而且对这些良将都是尽其所能，用其所长，所以他才能在并不占优势的情况下战胜项羽，开创汉家江山。因此可以说，刘邦的江山是用胸怀得来的。

道家名著《庄子》里讲过这样一个故事：

战国时期，惠施在魏国当相国，庄周跑去要与他会面。惠施听人说，庄周这次来魏国的目的，是想夺取他的相国之位，所以十分紧张，命令官兵在都城搜捕了三天三夜，但都没找到庄周。正当惠施坐立不安而又无可奈何之时，庄周却自己找上门来了，还对他讲了一个故事："南方有一种鸟，从南海出发，飞到北海。不是梧桐树它不会栖身，不是仙果它不会吃，不是清洌的甘泉它不会喝。猫头鹰弄到了一只死

用人之道
里面可宽敞了！

了好几天，身体都腐朽了的老鼠，正巧该鸟飞过，猫头鹰抬头看见了，以为这只鸟想吃它的老鼠，于是发出了惊叫以吓唬这只鸟。现在，你难道也要用魏国来吓我吗？”

庄子用一个寓言故事告诉惠施，不要“以小人之心度君子之腹”，以为庄子会取代他，其实庄子并不稀罕惠施的职位。从这个故事中我们得到启发，人才是有选择性的，如果一个比自己能力强的人能被我们所用，其实这是一个组织的幸运。我们知道，在现在竞争这么激烈的商业环境中，人才是压制和阻止不住的，因为没有容忍的雅量，错失人才，很可能这个人才会落入你的对手的手中，成为你的有力竞争者，致使你的事业受到很大损失。项羽就是因为不会包容和接纳张良而使张良投奔了刘邦，结果本身到手的江山却被刘邦夺了过去。因此从某种角度讲，两个组织的竞争其实就是比拼两个组织的管理者胸怀的大小。

20 世纪最杰出的广告大师大卫•奥格威在当奥美广告公司总裁时有个习惯：每次一有新的经理上任，他都要送他们一件礼品——俄罗斯套娃，这件礼品意味隽永。大娃娃里有个中娃娃，中娃娃里有个小娃娃，小娃娃里有一张字条：“如果我们每一个人都雇用比我们自己小的人，我们公司就会变成一个矮人国，侏儒成群。但是，如果我们每个人都雇用比我们自己高大的人，我们就能成为巨人公司。” 正是在这种理念下，一大批优秀的人才成就了一代广告大王的事业。

美国的钢铁大王安德鲁·卡内基的墓碑上刻着："一位知道选用比他本人能力更强的人来为他工作的人安息在这里。"卡内基之所以能成为钢铁大王，很大程度上并非由于他本人有什么了不起的能力，而是因为他敢用比自己强的人，能看到并发挥他们的长处。卡内基之所以如此自信，就是因为他能有效地发挥人才的价值。卡内基虽然被称为"钢铁大王"，但他确实是一个对冶金技术一窍不通的门外汉，他的成功完全是因为他卓越的识人、用人才能，他总能找到精通冶金工业技术、擅长发明创造的人才为他服务，当然这也得益于他的胸怀。

在市场竞争激烈的今天，企业之间竞争比拼的东西很多，但人才的竞争是最重要的，而人才的优劣很大程度上取决于领导者胸怀的大小，一个处心积虑地压制属下和嫉贤妒能的领导肯定不会有人才为他效力的。没有人才就没有核心竞争力，在市场竞争中，肯定会落败的。卡内基就曾说过："即使将我所有工厂、设备、市场、资金全部夺去，但只要保留住我的技术人员和组织人员，4 年之后，我将仍然是'钢铁大王'。"一个优秀的管理者要有胸怀，有敢于和善于使用强者的胆量和能力，这样企业才能成为无往不胜的强者，因为企业的竞争很大程度是企业家胸怀的竞争。

中国管理往事

20 曹参的无为而治与管理的传承

什么样的企业家是最成功的，什么样的企业家是最差的，这个标准很难确定。有人说企业做得最大就最成功，也有人说企业最盈利就最成功，还有人说企业家有社会责任感就最成功。诚然，这些都有一定的道理，但只从某一方面判定企业家的成功与否，不具备普遍性。其实，早在2500多年前，中国的先贤老子就回答了这个问题。

老子在《道德经》里说："太上，下知有之，其次亲而誉之，其次畏之，其次侮之，信不足焉，有不信焉！悠兮其贵言，功成事遂，百姓皆谓我自然。"这句话的意思是：最好的领导者，部属与他没有私交，人们仅仅知道他的存在；次一等的领导者，部属亲近他，赞美他；再次一等的领导者，部属畏惧他；最差劲的领导者则处处遭到部属蔑视。最好的领导者最重诚信，没有诚信将得不到部属的信任与效忠。最好的领导者的态度是悠闲自然的，他不轻易发号施令，对部属多鼓励、少责难，如此而为，则事事顺遂、功成业就，大家就会说："我们本来就是这样的。"老子的这句话为我们道出了什么样的企业家是最好的，什么样的企业家是最差的。

老子把管理者分成了三等：一等的管理者掌握了管理的精髓，做到了"无为而治和道法自然"的管理最高境界，而且坚守诚信的原则，这样的管理者成功是很自然的事情；二等的管理者独断专行，大家都怕他，不和他交流；三等的管理者因其无能而统领不了员工，并被员工瞧不起。无疑，二三等的管理者领导的企业即使看似很成功，那也是暂时的。老子告诉了我们管理者成功的标准，也告诉了我们做企业的终极目标。企业无论大与小，无论什么行业，只要达到了管理的最高境界，都是实现了管理的终极目标。管理的最高境界就是让企业的员工感受不到管理者的存在，企业达到了不用管理的无为状态。企业具有"自动化"的功能，表现在"团体内的人员，都能够自发自动去努力达成目标"，即员工能够目标明确、自我管理、自我激励，通过制定好激励机制和各项工作流程，既按制度规范严格要求，又强调人性化管理，关心员工，从而创造一个良好的氛围，在科学的组织结构运行下让员工自动自发地创造出好的业绩，把个人价值与企业价值有机地结合起来，在实现个人价值的同时，也为企业创造价值。这其实就是老子所倡导的“无为而治”的管理理念。“无为而治”的管理其实就是“我无为而民自化”的境界。管理企业达到了“无为而治”的管理境界还不算一流的企业家，一流的企业家还要坚守诚信的经商理念，因为诚信是立身之本。

企业家成功与否其实并不是看他的企业做得有多大，也不是看他的企业能挣多少钱，因为这都不是做企业的根本。为什么有些大企业像昙花一样在很短的时间里就凋谢了？关键是其领导人缺乏老子论述的一等企业家的条件。它们很大程度上是靠运气，而不是靠真正的管理带来成功，是千方百计地用各种手段攻击竞争对手以获取短期效益。它们大都没有建立一整套对企业和消费者负责，遵循客观规律的诚信市场准则和管理法规，以致企业不得不出售和转让。它们由于先天不足，就是有机会被名企收购，也难免遭遇“诚信门”事件。

我们能说这类企业的领导人是成功的一流企业家吗？我们看到的值得大家学习的企业家，其实都是老子论述的那样的一等企业家。企业的管理做到了“无为而治”，企业的诚信被视为企业根本。为什么松下幸之助被誉为日本“经营之神”？原因就是他的“无为而治”的管理经验和诚信的经营理念。松下幸之助一直坚守诚信的经商理念，他的诚信故事不胜枚举。例如，松下公司一贯坚持“合理定价”的经营策略，由此我们可以对松下幸之助诚信经营的理念和主张略窥一斑。由于松下公司对商品定价合理，因而即使买方还价，松下公司也不会降价销售。这样一来，反而使买方觉得松下公司的定价是有依据的，从而对其留下更值得信赖的良好印象。而这种策略之所以能够被实施，则主要源于松下幸之助的诚信主张。在松下幸之助看来，无故抬高售价，因其与买方的心理价位不符，与商品的实际价值不一致，势必有人想要还价，而松下公司则不得不在价格上适当让步。这样一来，在讨价还价中，即便买方最终买到的产品价格并不高，他们也难免会对松下公司产品定价的合理性产生质疑，从而导致松下公司经营诚信度的下降，影响公司的长远利益和品牌形象。中国历史上有些商业老字号之所以能绵延一二百年，也都是创始人建立的合理的公司治理结构和无为管理的顺延造就的，并不是子孙的个个贤良造就的。这一点可以从历史故事中得到启发。

汉惠帝二年（公元前 193 年），西汉丞相萧何年老病危，惠帝亲自去探视。汉惠帝估计萧丞相的病好不了了，所以就问萧何，将来谁可以代接他任丞相。萧何推荐了曹参。曹参担任汉丞相后，依然遵照“清静无为”的方针治国，要求丞相府的官员对萧何所制定的政策法令，全部照章执行，不得随意改动。对萧何所任用的官员，曹参一个也不加以变动，

我已经把朝纲制定得非常科学了，你只需全部传承，照章执行，就ok了！
ok！

原有官员依然各司其职，曹参对他们职权范围内的事情从不加干预。因此，在丞相变动的关键时刻，没有引起任何波动，朝中君臣和原来一样相安无事，朝政也井然有序。

我们通过上面的案例可以看出，曹参之所以能在萧何死后把朝纲治理得很好，其实是因为萧何已经把朝纲制定得非常科学了，已达到萧何在与不在都影响不大的管理境界。曹参遵循了有些事情有所为，有些事情有所不为的道家管理精髓，因此取得了不错的效果。

衡量企业家是否成功的标准很重要，老子的先知卓见给我们敲开了这扇大门。这是一个关乎企业是否能基业长青的命题，是一个企业家人生哲学的命题，更是人生百年选择经商实现人生价值的命题。除了达到管理的最高境界外，企业家还要牢记，一定要把诚信这个经商和立身的根本坚守住，这样最终才能把自己打造成一位一流的企业家。

21 董仲舒使“富人不骄，穷人不忧”的管理方法

经过30多年的改革开放，中国已走上了复兴与崛起之路，国力强盛，社会财富不断增加，国民生产总值每年的增长让世界为之羡慕。但伴随着物质财富的增长，人文精神和道德伦理的遗失、自然生态的恶化、资源无节制的开采和贫富的两极分化等社会问题也随之而来，民众正在出现“道德真空，欲望膨胀，贪婪腐化，身心失调”等种种弊病。虽然这些不是社会的主流，但这些问题却深深困扰着人们，其中贫富的两极分化尤为突出。周期性的经济危机和许多社会问题其实都是贫富两极分化的产物。当一个国家的财富掌握在少数人手里，而大多数民众付出了大量的劳动却拿不到相对应的报酬，甚至有些人群长期生活在低保线下的时候，社会的稳定

就会受到挑战，贫富差距的大与小是关系到社会是否安定、国家政权是否稳固和经济发展是否可持续的大事情。经济学上用“基尼系数”来表示一个国家贫富差距的状况，贫富两极分化是当代各国共同的现象，“基尼系数”的不断增大是各国普遍存在的问题。虽然我们在这方面正在做诸多的努力，但改变这种现象并不是一件容易的事情。纵观历史，你会发现，其实贫富两极分化现象在中国历朝历代都十分严重，中国朝代的更迭，某种程度上也是贫富两极分化严重的直接或间接的原因所导致的。

以史为鉴，可以知兴替。我们发现，中国历史上的贫富两极分化现象往往是在经济繁荣、国力强盛时期表现得更加明显。例如，在中国的西汉建立初期，汉高祖刘邦在总结秦朝亡国教训的基础上，采用了“无为而治”的政策，使人民获得了一定时间的休养生息，经过文、景两朝的努力，国力在几十年内得到很大发展。对内休养生息的政策使国库充足，人口兴旺，人民基本上安居乐业。对外张骞出使西域成功，屡败匈奴，国土面积不断扩大，至此汉王朝到了最鼎盛的时期。

但是，在这种局面下，国家和社会存在的问题也突显了出来，土地兼并严重，官府横征暴敛，财富和土地流向了少数人，而广大付出劳动的农民却过着食不果腹的日子，贫富两极分化非常严重，社会矛盾也日益突出。正是针对上述问

如何分配？
穷
富

题，中国历史上有名的大儒董仲舒写了《春秋繁露》一书，并提出了“度制”思想。“度制”就是制度的意思。在《春秋繁露》的《度制》篇中，董仲舒说：“孔子曰：不患贫而患不均。故有所积重，则有所空虚矣。大富则骄，大贫则忧。忧则为盗，骄则为暴，此众人之情也。圣者则于众人之情，见乱之所从生。故其制人道而差上下也。使富者足以示贵而不至于骄，贫者足以养生而不至于忧。以此为度，而调均之。是以财不匮而上下相安，故易治也。”这段话的意思是：“孔子说：‘贫穷并不可怕，可怕的是贫富不均。’所以在某一方面有所侧重，就会导致其他地方不够充实。财富太多就会骄纵，财富太少就会忧虑。忧虑便想去做盗贼，骄纵则会容易变得暴虐，这些都是人之常情。圣人从众人的常情上可以看到祸乱的根源，所以制定社会的规范以使上下之间有所差别，让富人可以显示他们的尊贵而不至于骄纵，让穷人得以生存又不至于忧虑。拿这个标准来调配均衡，就可以使财货不匮乏，社会上下得以安宁，这样就容易治理了。”这就是董仲舒的“度制”思想的主要论述。

董仲舒的“度制”思想有两层含义。一是要杜绝两极分化的现象，一定要制定完善的制度来规范人们的行为，节制人们的物质欲望，并且建立一套符合“天人合一”理念的道德伦理体系，从人性上教化人民。这样从制度与文化两方面进行综合治理，以达到富人不骄、穷人不忧的目的。二是要缩小贫富差距，要调均，通过调均使贫富有差但有度，以此来达到社会的长治久安。董仲舒认为当时的社会没有制度约束，从而使人们各从其欲，而人的欲望是无穷的，在没有相应的制度约束下，官员和富人就会丧失做人的底线而贪婪无度地掠夺财富，穷人则会因为贫苦，为了生存而犯禁令，最终导致社会不稳定和难于治理。

董仲舒这里的调均也不是将财富平均分配，他指的是将贫富差距控制在一个可以接受的范围内，做到“富者足以示贵而不至于骄，贫者足以养生而不至于忧”即可。他认为：“大富则骄，大贫则忧，忧则为盗，骄则为暴，此众人之情也。”这是他实行“度制”的理论基础。正是基于人性的特点，董仲舒提出制度管理的重要性。除了制度，董仲舒还希望用教化礼节来为制度做保证。董仲舒指出：“谓之度制，谓之礼节。故贵贱有等，衣服有制，朝廷有位，乡党有序，则民有所让而不敢争，所以一之也。”他还说道：“将以贵尊贤，而明别上下之伦，使教亟行，使化易成，为治为之也。”这句话的意思是说，明教化可保证制度的顺利执行，而制度则可以保证社会的安定。

虽然汉王朝的封建统治与我们今天人民当家做主的政治体制性质完全不一样，但我们今天穿越历史时空来研究董仲舒的“度制”管理思想，对我们或多或少都有一些启示。对于一个组织来说，小到家庭，中到企业，大到国家和社会，要想达到和谐共生，长治久安，必须要建立一整套规范人们行为的制度体系，在此基础上还要建立一整套道德伦理的教化体系作为制度的保证。另外，我们面对当前贫富两极分化日趋严重的情况，制定制度一定要以“调均”为出发点。因为调均贫富也是社会追求公平正义的表现。当社会上少数人，如企业领导者和为政为官者的收入与广大民众相差超过一定的“度”后，我们就要重新评估我们习以为常的金字塔的薪酬结构是否合理？我们无论是在一个企业中还是一个社会里，政策的制定都应该以民为本。合理地缩小贫富差距是我们制定制度的出发点，我们所热议的税收起征点、房地产调控政策、垄断国有企业工资过高，以及其他诸多社会热点问题，其实都是人们期待的调均的心理愿望。

逝者长已矣，来者犹可追。大儒董仲舒在西汉政权的巩固时期看到了社会蕴含的深层次矛盾，提出了“度制”思想和“独尊儒术”的道德伦理体系，他的这一管理思想为中华民族以后几千年的繁荣做出了很大贡献，具有划时代的意义。董仲舒构建的“度制”思想作为宝贵的精神财富必将给我们带来无限的遐想空间，我们现在研究他的这一管理思想在剔除其封建性后，意义也尤为重大，他为当代中国人打开了一扇管理智慧的大门。

22 佛教的“安处”智慧与企业家的心灵之旅

近年来，中国富裕阶层的移民有不断加剧的趋势，究其原因虽然有很多，但很大程度上是缺乏安全感引起的。日益扩大的贫富差距，国内收入的不公正和不公平现象，对未来政策不确定性的忧虑都加大了移民的数量，加快了移民的步伐。在移民大潮中不乏中国的企业家们，他们这个群体也在一定程度上缺乏安全感，希望出国找到自己的归宿。这个归宿可能带来某些方面的稳定，却又很难解决他们内在的精神困扰。外部环境稳定了，生活稳定了，内心就不再动荡吗？就不再漂泊吗？人就有安全感了吗？问题恐怕远没有这么简单，欧美各国人民自杀率和患心理疾病的比例比中国还高。可见，缺乏安全感这个问题不是单纯移民就能解决的。缺乏安全感其实是中国企业家群体精神迷失和没有终极皈依处所造成的。

为什么企业家群体会对未来充满恐惧和缺乏安全感？答案固然很多，但有一点往往是被我们忽略的，即他们没有强大的内在精神力量作为支撑，而是对外在世界过分依赖。当一个人内心不够强大而把人生的全部筹码投注在物质上时，环境的种种不确定因素就会给人造成很大的恐惧，不安全感就会随之而来。

西方与中国的区别不仅仅表现为文化上的差异，更多的其实是精神上的差异。遍布美国的是人们精神终极皈依的教堂，而我们却没有一个精神逗留的地方，位于深山老林的香烟缭绕的寺庙也成了人们求财和求官的功利场。西方人们去教堂是纯粹的精神洗礼和救赎，日益富裕的中国人对精神的需求越来越迫切，但我们的精神文明建设却没能跟上，中国的传统文化又被我们打得稀里哗啦，祖宗的东西我们嗤之以鼻，却又拿不出一个全新的文化体系。要知道文化不是一蹴而就的，我们能颠覆五千年的文化，那么什么文化能在短时间让我们趋于认同呢？没有趋同的文化体系，于是就出现了很多伪文化、伪大师、伪宗教和伪文化产品。在中国，因为没有系统完整的先进文化体系，文化很容易被人胡编乱造和亵渎。雷人的历史剧充斥银幕，误人子弟的书籍摆满书架，越媚俗越吸引眼球的内容越受追捧。人生的理想不再是“修

当内心不够强大而把人生的全部筹码投注在物质上时，精神上是不会幸福的！
我只为赚钱而活着！
销售
产品
财富

身、齐家、治国、平天下”，而是“财富，财富，再财富”。我们的精神家园变得荒芜而苍凉，无所适从，浮华的物质生活不仅不能填补精神上的空白，反而更增添了人内心的失落感。我们没有强大的内心世界做支撑，所以我们感到了恐惧和不安全。人处在什么环境并不重要，只要他有坚定的内心信念，他就会坚强地活下去，可如果精神垮了，再好的环境也活不下去，即使活下去也不会感到幸福。

精神是一个人的意识、思维和心理活动的中枢，文化对精神的影响重大。中国企业家的精神构建既植根于市场经济的物质环境，更建立在社会历史文化和制度的人文环境基础上。西方管理之父德鲁克说，中国什么都可以引进，就是不能引进企业家，其原因是国外的企业家再优秀，也很难适应中国的文化。“外来的洋和尚”念不好中国企业的经。中国企业家一定只能是“中国化”的企业家，一定要具备以中国文化为载体的企业家精神。而中国的儒释道的哲理应该是中国企业家精神最主要的文化载体。

当年，佛陀在菩提树下悟道，生命原本具备独立自主的能力，只是我们看不到这一点，所以才四处追逐，寻找支撑。一旦开启这个内在精神宝藏，我们就可以随遇而安。这不是对环境的刻意顺从，也不是对命运的无奈妥协，而是由内心独立获得的能力。因为，内心独立了，就不会随环境变化而受到影响，也无须外在的什么作为支撑，即所谓的“此心安处是吾乡”。无论物质多么贫乏，只要精神富足，我们就可以快乐幸福，没有恐惧。

人为什么活着？为什么要创造财富？如何使用财富方可心安？这些都是中国企业家阶层中的精英群体一直在试图探索明白的问题。中国传统国学的精神世界，其实能给企业家们一个简明而易于长期坚持的修养路径。

人和动物的根本区别，就是不仅仅为活着而活着，而是会追问“为什么活着”。这个问题，一问就问了几千年，过去在问，今天在问，未来还是会问。其实，中国的禅修对这个问题早有非常明确的答案。生命的意义，就在于解除内心的迷惑和烦恼，成为觉醒的人，成为知道自己“为什么活着”的人。进一步，则是帮助大众走向觉醒，成就解脱自在的人生。

如果中国企业家有了这样的人生定位，创造财富就只是其中的一种手段，一种帮助他们达成目标的手段。对于他们自己可以满足生存所需，对于社会他们可以做到扶贫济困，广结善缘。

在如今缺乏信仰和道德教育的大环境下，中国企业家在精神上很容易迷失。他们急功近利是必然的，恶性竞争是必然的，重利轻义是必然的，市场的混乱乃至失控也是必然的。正是因为意识到这种缺失，企业家们精神的回归才必须依托中国传统文化。因为传统文化所代表的，是一种道德的教育，一种做人的教育，这是我们缺失已久的。这种教育不仅可以帮助中国企业家建立健康的心态和人格，还可以帮助他们树立崇高的人生志向，如儒家所说的“为天地立心，为生民立命，为万世开太平”，佛教所说的“不为自己求安乐，但愿众生得离苦”。如果企业家具备这样的精神，起码是社会道德伦理的进步。有些精神是跨越政治属性的，它是人本性的东西。我们的社会主义核心文化体系一定要以人为本，在以人性为本的基础上，才有生命力。

中国社会主义市场经济的伟大实践创造了人类历史的奇迹，它使30多年前一个经济落后的国家，迅速成长为今天世界第二大经济体。经济学家们在回顾改革开放30年时，认为改革开放做的最伟大的事情之一，就是把企业家请回了中国。企业家群体一经出现，就不可避免地成为历史的创造者，成为中国建设市场经济和商业文明的主角。应该没有人会否认，企业家是我们这个社会学习能力最强、进步最快、最活跃也最有成就感的群体之一，是今天这个时代创造价值最大、承担责任最多的群体之一，更是中国30年来经济快速发展、市场持续繁荣、硬实力奇迹般跃升的核心支撑。中国企业家群体本应该受到全社会的尊重和爱护，但站在转型的时代大背景之下，由于中国企业家精神的迷失、获取财富的不择手段及没有承担起社会责任，中国企业家没有和社会完全水乳交融，这不得不让人深刻地认识到，企业家与大众的冲突正在加深。遍地的“冲突”让企业和企业家群体备受争议，也让本来就“树欲静而风不止”的社会形态更增添了几分忧思。淘宝网与网店和消费者的冲突，国美“陈黄之争”放大了企业伦理的社会问题；奶粉和牛奶系列事件代表了企业追求利润与保证产品质量之间的冲突；富士康员工“连环跳”恶化了企业与员工的关系，代表了资本与劳动力之间的冲突；巴菲特、比尔·盖茨这两个美国富豪赴中国“劝捐”，又体现了企业富豪与企业社会责任之间的冲突；屡屡发生的“募捐门”拷问着中国慈善和企业家的良心。上述的这些“冲突”，归根结底都反映了中国企业家在精神层面的缺失，这恰恰也是许多中国企业家真正脆弱的原因。

本来，“重利轻义”似乎是人们贴给商人的主要标签，中国民间一直存在着“无商不奸”和“无奸不商”的说法。中国在快速发展过程中，把旧有的商业文明体系彻底摧毁了，但由于我们对传统文化的叛逆和对现代文化的轻视，新的价值观念还远未建立和成熟，这就导致在现实中，矿难、污染、暴利、苏丹红、三聚氰胺等现象屡见不鲜。这就使中国企业家的形象变得更加糟糕。这时讨论企业家精神的回归尤为重要。企业家精神的回归也是企业家自身的护身符。我们有些企业家虽然在企业精神方面做了很大努力，但自由市场中成长起来的企业家，虽然他们有各自的处世方式和行事风格，也有颇多为人赞誉之处，但仍然尚未形成堪称“精神”并被社会认同的理念。陈光标的慈善引来非议就是例证。

陈光标的行为在赢得尊重的同时，也有不少人试图挖掘他的“原罪”，质疑他的动机，嘲笑他的作秀。所以，中国企业家精神的回归首先要建立在全社会文化和价值观趋同的基础上才能够实现。中国传统文化中的“自强不息，厚德载物”“海纳百川，兼容并蓄”“仁者爱人”“止于至善”“己所不欲，勿施于人”“穷则独善其身，达则兼济天下”和我们社会主义的先进价值体系等其实是我们文化趋同的部分。传统文化博大精深，是我们取之不竭的精神源泉。如果企业家具备以上种种精神，企业家精神就会回归，中国企业家就会有归属感和安全感，就会与社会水乳交融，就会得到社会的尊重和认可，那时的企业家才是幸福的、安静的、平和的。

23 解析弥勒佛与韦陀为何同管一个寺院

知人善任是管理的第一要务。善于发现每位员工的优缺点，并根据员工的优缺点把他们放在恰当位置是领导者领导力的重要体现。企业发展不可能只依靠一种人才，企业经营管理一定需要由具备各种才能的员工所组成的人才团队。一个企业领导者在管理中应以每个员工的专长为出发点思考，为他们安排适当的位置，并依照员工的优缺点，做机动性调整，这样企业才能实现团队效能最大化。

相传在很久以前，弥勒佛和韦陀并不在同一个庙里，而是分别掌管不同的庙宇。在弥勒佛掌管的庙里，因为弥勒佛热情快乐，大肚能容天下之事，所以来的人非常多，但弥勒佛什么都不在乎，不善于理财，虽然香火很旺，但依然入不敷出。与此相反，韦陀虽然管账是一把好手，但因为过于严肃，成天阴着个脸，来韦陀掌管的寺庙的人越来越少，最后几乎连香火都断绝了。佛祖在查看香火的时候发现了这个问题，于是就把弥勒佛和韦陀放在同一个庙里，而且做了分工，由弥勒佛负责公关，坐在大门口，笑迎八方。而韦陀铁面无私，一丝不苟，则让他负责管理财务和寺庙的纪律，严格把关。在两人的分工合作下，庙里一派欣欣向荣的景象。佛祖善于发挥弥勒佛和韦陀的优点，恰到好处地利用了弥勒佛和韦陀各自的长处，科学地使两人各尽所能。

在一个组织中，每个人各有所长，各有所短，管理者如何发现一个人的长处，并发挥其长处，避开其短处，做到知人善任，是其领导力的体现。从管理学的角度来看，任何人都是可用的，关键是看把人放在什么地方，如果把一个天才摆在不恰当的位置，天才也很难发挥作用。一个企业人才战略应用的好坏关键是能否把人才用到合适的地方、合适的岗位上，也就是人才是否能与职位、与工作匹配，人才战略一定要因才利导，才能使人才价值最大化。一些企业为了证明自己的实力，不管需要不需要，就大量从社会招聘高学历的硕士、博士。这些人到了公司后，却没有合适的工作可做。要么相关的职位已被别人占满，要么公司根本不需要这么高学历的人才。结果这些高学历的人才进入公司后立即被“束之高阁”，虽然拿着高工资，却没有可以施展自己才华的舞台。

您好！欢迎光临！
管理办公室

虽然说公司花钱买到了“面子”，但这个面子是难以持久的。因为，每个人都要考虑自己的职业生涯发展，如果没有施展能力的舞台，那么越是有能力的人越会选择跳槽——他们不怕赚不到钱，他们害怕体现不出自己的价值。

阿里巴巴在发展过程中，也犯过员工能力与工作岗位不匹配的错误。马云曾经回忆说，阿里巴巴在发展过程中犯过许多错误，其中就有请来“能人”，却无法给他们安排合适职位的错误。一些来自世界五百强企业的管理人员也曾加盟阿里巴巴，结果却因为“水土不服”，并未给阿里巴巴带来预期的效果。虽然这些来自世界五百强的能人肯定是人才，但他们不能适应阿里巴巴的公司环境和工作，所以他们做不出优异的成绩。马云为此感慨道：“就好比把飞机的引擎装在了拖拉机上，最终还是飞不起来一样，我们在初期确实犯了这样的错误。那些职业经理人管理水平确实很高，但是不合适。”

《孙子兵法》中说：“故善战者，求之于势，不责于人，故能择人而任势。”意思是说，优秀的将帅善于捕捉时机，选择合适的人才，形成对己有利的形势。企业所需的人才有时就像企业生产产品所需的材料一样，必须十分合适才行，如果所选人才不合适，那就无法满足企业的需要。企业运用人才主要是合适，小材大用，大材小用，都不是理想的用人准则。唯有适才专用，才能使人的才能发挥到极致。

日本经营之父松下幸之助于1918年开始做生意，当时公司的规模很小，松下只聘请了几位大的电器公司根本不屑一顾的员工，他们不会高谈阔论，也不会开拓海外市场，但松下认为他们合适。按照公司当时的规模，当时在学校前三名的优秀学生是不会到松下电器公司来的，即使他们来了，松下也会感到困扰，因为没有合适的工作给他们做。松下认为，企业所用的人才必须适合工作的要求，这样才能把生意做起来。即使后来公司规模大了，松下公司及下属分公司在选用人才时仍然以“合适”为指导原则，不像有些企业盲目追求高学历、高工作经验。日本有“适合身份”的说法，意思就是以公司经营政策为前提，雇用身份合适的人。

在一个组织中，领导者不仅要能知人善用，还要建立起由不同才能的人才构建的领导团队，这样才能应对各种纷繁的管理事物，就像一个庙里既有弥勒佛这种宽容的逍遥者，也要有严格执法、认真严肃的韦陀。

在中国历史上，唐朝开国一代繁荣的景象，这与唐太宗善于用人和善于构建团队是密不可分的。在一次宴会上，唐太宗对宰相王珐说：“你善于鉴别人才，尤其善于评论。你不妨从房玄龄等人开始，都一一做些评论，评一下他们的优缺点，同时和他们互相比较一下，你在哪些方面比他们优秀。”王珐回答说：“孜孜不倦地办公，一心为国操劳，凡所知道的事没有不尽心尽力去做，在这方面我比不上房玄龄。常常留心于向皇上直言建议，认为皇上能力德行比不上尧舜很丢面子，这方面我比不上魏征。文武全才，既可以在外面带兵打仗做将军，又可以进入朝廷搞管理担任宰相，在这方面我比不上李靖。向皇上报告国家公务，详细明了，宣布皇上的命令或者转达下属官员的汇报，能坚持做到公平公正，在这方面我不如温彦博。处理繁重的事务，解决难题，办事井井有条，这方面我比不上戴胄。至于批评贪官污吏，表扬清正廉洁，疾恶如仇，好善喜乐，这方面比起其他几位能人来说，我也有一技之长。”唐太宗非常赞同他的话，而大臣们也认为王珐完全道出了他们的心声，都说这些评论是正确的。从王珐的评论可以看出，唐太宗团队中的每个人都各有所长，但更重要的是唐太宗能将这些人依其专长运用到最合适的职位，使其能够发挥自己所长，进而让整个国家繁荣强盛。

俗话说：“三人行，必有我师。”人各有所长，能善用其所长以处事，必可收事半功倍之效。成功的团队管理者用人的重要原则之一就是“适才适所”，“扬长避短，唯才是用”。因为，在团队中人人都有其短，也都有其长，要挑一个有长无短的人，是根本不可能的。这就要求管理者做到用人之长，避人之短。这样企业才能人尽其才，人人成才。

24 向“倒屣相迎”的蔡邕学习团队管理艺术

蔡邕是东汉时期杰出的文学家。当时，他在朝野名震一时，常常是宾客盈门。但是，蔡邕从不高傲，非常尊重有才学的人。有一位年轻的才子叫王粲，出身名门望族，才学出众。一天，王粲来到长安，去拜访蔡邕。蔡邕听说王粲来了，马上出门相迎，甚至把鞋子都穿倒了。他把王粲迎进家中，向宾客们进行了介绍，并对王粲大加赞誉。王粲为此深受鼓舞，后来成为著名的文学家，被誉为“建安七子”之一。这就是有名的“倒屣相迎”的故事。

灌夫是西汉的一名将军，勇猛善战，疾恶如仇，但他有一个缺点，就是脾气太直，说话不分场合，不讲究方式。由于他和当时的丞相隔阂很久，有一次，在丞相的婚宴上，灌夫因为一杯酒，和丞相争吵起来，于是把丞相平时所做的坏事当着满朝文武官员的面都说了出来，以致搅散了宴会。丞相是皇上的舅父，当然不会放过他，最后灌夫被捕处死。

以上两个故事看似风马牛不相及，其实是从不同角度论述同一个问题。“倒屣相迎”是讲述成人之美、道人之善的故事，“灌夫之死”讲的是揭人之短、与恶相争的故事。善与恶一般会出现在同一个人身上或组织当中，因为它是事物的两个不同方面。历史的前行与人类的进步其实在某种方面来讲是一部善与恶斗争的故事。扬善惩恶是人文精神很重要的组成部分，也是一个人、一个社会最主要的道德行为。但是，如何正确剖析一个事物的善与恶，对待善与恶采取什么方法才能更好地起到既能治病救人又不会危害自身的效果，是一个值得思考的哲学命题。

在儒家启蒙经典《弟子规》中就有如何处理善与恶辩证关系的论述。《弟子规》说道：“道人善，即是善，人知之，愈思勉。扬人恶，即是恶，疾之甚，祸且作。善相劝，德皆建，过不规，道两亏。”这几句话的意思是：“别人的缺点，不要去揭穿，对于他人的隐私，切忌去张扬。赞美他人的善行就是行善。当对方听到你的称赞之后，必定会更加勉励行善。张扬他人的过失或缺点，就是做了一件坏事。如果指责批评太过分了，还会给自己招来灾祸。朋友之间应该互相劝善规过，共同建立良好的品德修养。如果有错不能互相规劝，

善
组织制度
指令计划
奖惩措施
道善 抑恶
恶

两个人的品德都会有缺陷。”

古圣先贤通过自己对生活的深刻体悟，将自己的生存智慧和法则汇集成经典，滋养着中华传人的心灵并成为指导其行为的指路明灯。《弟子规》即是其中之一，它是儒家的经典之作，是人们为人处世的灯塔，是一部充满哲理的哲学经典。《弟子规》里的这几句话充满了哲学意味，它用通俗的语言说出了处理善与恶的方法，说出了“道人善”和“扬人恶”的辩证法。“道人善”和“扬人恶”是为人处世所绕不开的行为方式，大到社会，小到企业，我们每时每刻都面对着人的思想和行为的善与恶。怎样对待别人的优缺点，帮助别人改正缺点，怎样激励别人发扬优点，是一个组织和企业团队建设成败的关键。

任何一个人都具有人性“善”与“恶”并存的本质，我们每个人不论是否承认，我们的内心世界都并存着善与恶的成分。对于一个企业组织来说，同样如此。管理的实质其实是教导组织中的成员选择、激活与扩展善的心智模式和行为模式，摒弃恶的成分，也就是扬善抑恶。“善”是指积极向上的心理与行为，表现为勤奋工作，积极向上，认真负责，坚韧不拔，敬业敬人，具有良好的职业道德与业务水平。所谓“恶”是消极怠惰的一种心理和行为，表现为狭隘自私、刚愎自用、故步自封等不良职业习气与业务能力。要达到扬善抑恶，管理者必须首先要道善，因为道善是抑恶最好的方法。管理者要想构建一个和谐的、积极向上且同心同德的团队，必须赞扬每个成员的优点和树立组织整体的价值观，“道善”以达到“抑恶”的目的。企业家的使命与职责是构建出有利于“道善”的环境，通过对各类要素进行有序、合理、科学的组合，并配以组织制度、指令计划、奖惩措施、任务布置、文化宣贯等形式，构建出有利于激励被管理者忠于职守、积极向上、开拓创新等 “善”的企业文化主线，并加大建设力度，这样就会抑制弱化其狭隘自私、怠惰、唯利是图等 “恶”的环境氛围，形成以“道人善，即是善，人知之，愈思勉”为主流的优良团队组织。

对于个体而言，“道人善，即是善，人知之，愈思勉”，即是在“成就他人才能成就自己”的理念中找到了一个切实可行的切入点：真诚地赞扬别人，不但会成就自己的美德，同时也会激励人们更加勤奋努力，最终也达到成就他人品业精进的一种双赢效果。这与孔子的“己欲立而立人，己欲达而达人”的理念相吻合。这一信条在企业团队建设中尤为重要。

卡耐基在《人性的弱点》中讲到凯斯•罗伯在印刷公司中成功运用这一原则的实例：印刷厂有时需要印刷高品质的产品，但公司中有位新人，他技术还不太熟练，他的总监很不高兴，想解雇他。而罗伯知道这个情况后，亲自找年轻人谈话。他告诉这位年轻人，他最近收到了他的 件印刷品，感觉非常满意，指出了印刷品好在哪里及这位工人对公司的重要。几天后情况大为改观，这个年轻人告诉同事，罗伯非常欣赏他的作品，从此他就成了一名细心忠诚的工人。同理，日本东京国民素质研究会曾深刻总结了日本战后迅速发展的原因，他们认为："我们日本国民的一大优点是，对外人不停地鞠躬，不停地说好话。可以说，善于发现别人的长处，善于赞美别人是日本走向世界的一个重要原因。"

《弟子规》言："扬人恶，即是恶，疾之甚，祸且作。"过分地批评、指责他人的是非，不但会使自己的德行亏缺，甚至会给自己带来灾祸。在企业及其管理团队的建设中，也要注意扬恶规过的度。如果企业的领导者不注意方式方法，过度地指责、批评、抱怨团队中成员的诸多缺点，不但不会激励员工积极进取、勤奋工作，反而会降低员工的工作热情，使其日渐抵触自己的工作。这种负面情绪一旦产生，必将影响到企业团队其他成员，久而久之，就会在企业中形成一个负面的、灰色的氛围。这对于一个企业来说无疑是陷入了一种恶性循环，所以盲目地批评是起不到什么效果的，只会伤害别人的自尊，破坏他人对自身价值的判断，甚至招致嫉恨。

但是，"扬人恶，即是恶"并不是说团队中员工的一切错误、纰漏都不应该被指出和规过。《弟子规》有云："过不规，道两亏。"有错误而不互相规劝，双方的道德都会有欠缺。作为一个优秀的企业管理者，惩恶扬善、弘扬正气是其职责，但“规过”并不是要用扬恶的方式来实现，“规过”是一种合理的、善意的劝导或告诫，使人主动改正错误，并日臻完美。“扬恶”是一种恶意的批评、指责，而管理的魅力却在于，既要从性本善出发，树立企业价值之榜样，通过对欲望的开发和激励，抓住人脉，还要从性本恶出发，通过强化企业制度建设，来实现对员工欲望的梳理和制约。此外，还要加强企业文化建设，用制度和文化达到规过和避恶目的，而不是用过度的扬别人的恶来规过。在企业管理中，“规过”而不“扬恶”，需从积极层面劝人以善、导人以德，要忘掉“善”与“恶”的芥蒂，通过建立企业环境，建设企业制度和企业文化，来锻造企业的核心价值观，这样才能构建一个和谐的团队。

世界著名心理学家 B.F. 斯金纳通过实验发现，那些因为表现好而得到奖励的动物比那些因为表现差而挨罚的动物学习的速度更快，并能将学会的技能更有效地保持下去。近期的研究表明这个结论也适用于人类。

美国 19 世纪哲学家兼诗人拉尔夫·沃尔多·爱默生曾说：“人生最漂亮的补偿之一，就是人们在真挚地辅助别人之后，同时也辅助了自身。”莎士比亚也曾经说过这样一句话：“赞赏是照在人心灵上的阳光。没有阳光，我们就不能生长。”这些与《弟子规》里的“道人善”与“扬人恶”的哲理其实是异曲同工的。

管理的实质是人的管理，把握人性的特点是管理的基础，我们在用科学的标准化流程来管理企业时，更要借鉴中国传统文化的哲学理念来进行深层次的管理思考。中国传统文化博大精深，但《弟子规》是集中国朴素哲学大成者，它阐述的许多哲理值得管理者认真学习和感悟，其中把握好“道人善”和“扬人恶”的辩证法对企业团队建设尤为重要。

中国管理往事

25 马云与吕布的管理江湖

马云与吕布本是风马牛不相及的人物，一个是现在年轻人励志创业所崇拜的偶像，另一个是遥远的三国历史人物，但细细品味，商场如战场，如果用这两个人物做一个管理案例，还是有一些哲理上的联系和比较价值的。

中国最大的互联网公司阿里巴巴掌门人马云在 2013 年 5 月辞去阿里巴巴 CEO 的职务，本在壮年的他把公司具体的管理实务交给年轻的“70 后”或是“80 后”。这一则财经消息一经公布便引起大家热议。

从马云的决定来看，我们感知到了现在的中国企业家确实成熟了很多，他们中很大一部分人其实摆脱了中国人传统文化中的权力意识和封建家族的封闭意识，他们真正意识到了中国为什么缺少百年企业的症结。在人类已进入互联网时代的今天，时刻要有创新意识，一个企业要想在江湖上立于不败之地，必须要不断地变革和推出引领变革的年轻人。而谁能在江湖上奠定宗师地位，不在于自己武艺如何高强和如何长袖善舞，而是看他有多少杏林高徒。如果没有三千弟子，孔子也恐怕是淹没在历史长河中的一个怀才不遇的小知识分子而已。

企业要想基业长青，就必须培养和“复制”更多的“创始人”。导致企业没有可持续性发展的很大原因就是企业家一人包打天下，干什么事情对别人都不放心，对权力依依不舍，不愿意把权力移交给年轻能干的和能接班的所谓外人，所以最后难免因为自己的力不从心和企业的后继无人而灰飞烟灭。

我们发现三国的吕布就是一个典型。大家知道，中国历史上的吕布是三国故事里公认的武功最高超的统帅，吕布的失败在史学家眼里可能有一千条理由，但有一条却是很致命的。正因为他武功超群，所以导致所带队伍执行力最差，又因为他武功高强，所以他容不下和看不起身边的大将。张辽在他手下虽是一员忠心耿耿的虎将，却屡受他的责难，而张辽到了魏国曹操营中，却变成了一员天下闻名的大将。

正是因为曹操虽有谋略却没有武功才成就了下面的执行层，曹操所做的事与他的角色相符。因为他是统帅，所以他

唉！不放心啊！
老吕，别太累着自己，让手下人去办吧！
执行

只布阵而不冲锋陷阵，并因此造就了一大批执行力很强的大将。而吕布不仅布阵，每次两军对垒，基本上是亲自披挂上阵，结果导致在他手下的将军和士兵执行力不强。吕布更没有把将的职责交给大将们，其实他只当元帅就可以了。结果他既是董事长也是CEO，还是中层先行官，这样的组织肯定是没有生命力的。中国目前的企业家常常感叹，部下很无能，自己很累，其实都在犯吕布的毛病，而没有像马云一样，刚开始创业就强调团队的力量，一旦队伍壮大，就强调对下属的培养和提拔，拷贝出几个甚至几十个马云来，这样企业就会保持永续的生命力。

中国目前能够有点成就的企业家（姑且抛开吕布的人品不论）基本上像吕布一样，是武功了得的“操作型”统帅，他们在创业过程中基本上是既布阵又亲自打仗的角色，培养下属成为大将的理念不够。当他们上了年纪而企业也取得了一定成功后，由于身心发生了变化，不想去打仗时，却会发现没有人能取代自己。当他们常常抱怨下属能力不强和执行不力时，却没有想过造成这样结果的不是别人，正是他们自己。他们的执行力太强了，才导致这样的局面。

同是三国人物，刘备无论从文武哪方面来说，能力都很一般，也恰恰因为这样，他才能发现并重用诸葛亮，才能培养出像五虎上将这样能力超群而又执行力很强的部下，这是刘备跟吕布的重要差异。

从管理学的角度而言，企业家一定要记住，企业家的执行能力与企业的执行能力是两个完全不同的概念。企业家的执行能力是个人能力，而企业的执行能力是组织能力，或制度性的能力，一个企业一定要在企业的执行能力上下功夫。

在畅销书《基业长青》中，该书作者柯林斯经过对几百家基业长青的企业的大量调查研究发现，大部分成功的公司并不是伟大的魅力型领袖所创建的，人们很快就把一个 CEO 给忘掉了。GE（通用电器公司）前 CEO 韦尔奇是中国企业家喜欢的榜样，但 GE 的持续发展靠的不光是韦尔奇，主要靠的是它拥有一个制度化的高效业务管理系统（Operation System）。无论谁当总裁，GE 都可以做到所有的重大战略举措一经提出，在一个月内就能够完全进入操作状态，而且总是在第一个循环中就能在财务上获得很好的效果，就是因为 GE 有合理的企业架构及很强的企业执行能力。

对于中国的企业家来说，要想提升企业的执行能力和做到立于江湖不败，必须向马云学习而不要犯吕布的错误，要建立一套科学的企业组织架构和制度，而这样一套科学的组织架构及制度一定要把西方的科学管理与中国传统哲学思维结合起来，这样才能解决企业执行力的问题。因为制度只是提升企业执行力的强制手段，此外还必须考虑文化的因素，中国传统文化的忠义理念也是企业提升执行力很重要的文化要素。

总之，吕布不仅犯了统帅凡事亲力亲为的管理大忌，还犯了不打造组织执行力的毛病。他还没有正确的企业价值观，为人反复无常，不仁不义，所以才会有悲惨的结局。

中国的企业家一定要像马云一样，即使自己能力超群，也不要既当统帅又当大将，应该建立一个高效的组织管理系统，这样企业的接班人即使不是魅力型领袖，也能成为出色的 CEO。这样的企业才能基业长青。

26 懂得《周易》，关羽就不会“败走麦城”

管理企业是一个哲学课题，每个企业在发展过程中都形成了自己的一套发展规律，无论它符合不符合科学发展的范畴，它毕竟是在实践中形成的发展惯性。企业在搞管理再造和制定发展战略时，一定要审时度势，要仔细分析企业的大环境和实际发展状况，看看企业是否有大发展的时机。企业的发展要循序渐进，千万不要搞大跃进，李宁公司就是犯了急于求成的错误，在时机不成熟的时候，就对公司产品、销售模式和公司形象进行彻底改变，结果使公司从业绩优良转为亏损的局面。一味强调大发展的企业战略不一定是好战略。

中国的哲学之源《易经》一书很深刻地阐明了这一哲理。《易经》六十四卦中的第五卦是需卦，需卦的卦象是下卦为乾，

企业战略
管理实践

乾为天，上卦为坎，坎为水，表示水在天上，水汽在天上聚集在一起，形成了云层，乌云密布，雨还未下。这是告诉我们，做事需要耐心等待天时，审时度势，顺势而为，不要浮躁、急躁；时机不成熟，逆势而为，就会导致失败。

《易经》的《序卦传》中说：“需者，饮食之道。”需，是指事物在幼小阶段，还需要保护，也就是说时机还未成熟，力量还没积聚起来，不要妄为，要等待时日，要耐心吃饭，不要去贸然行动。生活中有些事急不得，所以我们有时不妨让生活和工作节奏慢一点儿，让自己从紧张的状态中暂时放松一下，享受一下慢节奏的快乐。因为早起，我们才会拥有朝阳；因为晚睡，我们才会拥有月亮。慢有时候比快更能取得成功。

《易经》的需卦折射出一个道理，有时候慢是一种为更快所做的准备，慢是快的基础。《三国演义》中的关羽就是因为没有审时度势，因为急躁而贸然行动，结果“大意失荆州”，如此冒进倒不如让刀枪入库，这样荆州或许不会失。

企业在进行管理变革及制定企业发展战略时，应该进就进，该退就退，做到进退自如，采取适应形势的发展节奏，这是制定企业发展战略的科学保证。当时机不成熟时，冒进反会导致大倒退，而有时主动退一小步，反而会有更大的进步。毛泽东深谙这一哲学道理。解放战争中，他主动撤离延安，就是对这一哲理的最好实践。因为后方力量还不够强大，时机不够成熟，面对暂时强大的敌人，毛泽东和党中央科学地撤出了延安。而一年以后，时机成熟了，毛泽东和党中央又回到了延安，并指挥人民军队取得了全国的大解放。

《易经》的需卦告诉我们，干任何事都急不得，一定要循序渐进，科学地把握前进的时机，一切急功近利的冒进主义不但难以让事情变得更好，反而会让原有的成果得而复失。我们应该学会等待，因为有时等待是为了更好地积蓄能量，以取得更大的成就。螺旋式上升是事物发展的规律，因而作为一名企业家，千万不要搞大跃进式的企业战略。

中国管理往事

27 故宫建筑体现出的中国管理最高境界

明清国家最高权力机构所在地故宫的三大殿是以保和、中和、太和“三和”命名的。其中，皇帝每天处理事务和召集文武大臣议事的殿就是太和殿，它是故宫最主要的建筑，可以说是故宫的中枢。为什么故宫的中枢叫太和殿呢？其实，“太和”是管理和统治一个国家的最高境界。周史伯曾说过，“和实生物，同则不继”。《中庸》中也说：“和也者，天下达道也。”汉儒董仲舒则说：“德莫大于和，和者，天地之正也。”这都是在表述“和”对于管理和治国的重要性。中国历代管理者都把太和作为最高的理想和终极的目标。

何为太和？其实《孟子》的“天时不如地利，地利不如人和”就给出了答案。“太和”就是指人与自然、人与社会、人与人都是和谐的。这种最高形式的“和”就是“太和”，这也是中国传统文化中的“天人合一”的哲学。

“和”这个概念产生于音乐——古代统称为“乐”。“乐”在今天是艺术的一个门类，“和”是天地之间的大美，人们由“乐”之“和”推行到人世间，由此悟出了治理邦国之道，国有强弱，邦有大小，如果能扶弱抑强，利益共赢，在各邦国之间找到一个大家都能接受并循行的规则，那么天下就太平，邦国就和谐，好比众多乐器奏出了和声。古人先贤把这种寻找和谐的努力称为“致中和”。遵循着这条致中和的道路方向，先人们又将“和”的理念推行到教化人心。大千世界，滚滚红尘，为名为利争夺不休，人心唯危，这是令历代管理者最头痛的顽症。受到音乐的启发，假如能在众人之间找到一条治心之路，让大家在这里实现和谐的话，意义就超过了治理邦国的“致中和”，那就出现了最高的“和”，即天与人、人与地、人与人的和谐，也就是人与自然、人与社会、人与人的和谐，这就是“太和”的概念。执政与管理道理是相同的，管理企业的最高境界也是“太和”。中国化管理的实质就是和谐管理之道，我们今天构建和谐社会，落实科学发展观其实就是“太和”管理哲学的实践。同样的，构建和谐企业也就是要使企业、员工、社会及自然达到和谐统一。

中国化管理的最高境界是“太和”，但真正的“太和”很难达到，我们的管理永远是向着“太和”的境界不断靠近。

企业家在实践“太和”管理之道时一定要注意以下几个方面。

第一，企业一定要与势、政“和”。势是指企业全局发展和运动的趋向，以及由这个趋向所产生的影响力，也就是所谓的形势。管理者此时一定要认清形势，适应形势，趁势而上。作为一名管理者，基本功之一便是这种审时度势的能力。政，就是国家的政令和法规，企业一定要守法经营，这是企业“和”的根本。中外成功的企业无不是与势与政“和”的典范。联想、海尔及华为等企业无不是因顺势而为而成功的。

第二，企业发展一定要与社会的价值取向“和”。中国化管理的价值取向是义利统一的“和为贵”，这是一个复合的价值系统。在中国化管理中十分讲究“道”，有时因为管理行为偏离了道义，企业盈利没有“取之有道”，企业也就没有生命力。履行责任、坚守道义、树立正确的价值观，是企业最主要的核心竞争力。三鹿集团就是由于没有与社会的价值取向相吻合，结果出了三聚氰胺事件而倒闭破产的。

第三，企业发展一定要与自然“和”。中国化管理讲求以人为本，因地制宜，企业一定要从客观规律出发，努力实现企业、员工与自然的和谐，真正使企业按科学的发展观来发展，这样企业才能基业长青。违背客观规律，破坏与自然的和谐必定会受到自然的惩罚。2011 年的云南铬矿污染事件就是一个典型案例，与大自然不和谐的企业不可能持续发展。

第四，企业管理一定要与人“和”。中国化管理中人际关系的管理很重要。与人“和”是企业和谐管理目标的聚焦点。它包括员工与员工、企业管理者与员工、企业与企业相关人员之间的和谐。管理者应该动用自己全部的知识和能量来致力于与人“和”这一工程。这是企业文化建设的重要内容，是构建和谐企业的重要组成部分。

第五，企业家不仅要与人“和”，还要与己“和”。如果说企业家与人“和”是外功，那么企业家还必须要内明。内明就是企业家要与己“和”。与己“和”对于企业家很重要。作为一名管理者，虽然事业上很成功，但自己往往感到心累，这便是“内明”不足的征兆。历史上和当今社会中不乏“外功”显赫者，但真正能在成功的巅峰上享受到“内明”者却不多。诸葛亮治蜀颇有成效，是一代著名政治家，但他自己的状况呢，是“夙兴夜寐，所啖之食日不过数升”，“夙夜忧虑恐托付不效”，终于“出师未捷身先死，长使英雄泪满襟”。他这种“鞠躬尽瘁，死而后已”的精神固然可嘉可敬，但其个人的命运却染上了浓重的悲剧色彩。我们身边也不乏因为内不明而得抑郁症的企业家，所以与己“和”无论对企业来说还是对企业家本人来说都很重要。

上述“五和”是中国化管理的维度，是坐标，也是层阶。更是要达到“太和”管理目标需要特别注意的几点。要想企业管理也进入一个至高境界，管理者需要认真体悟，大胆实践。准确把握了“太和”管理之道，企业家也就掌握了中国化管理的精髓。

中国管理往事

28 玉皇大帝的霸道管理与诸葛亮的王道管理

人们在谈论企业家的领导艺术时，经常会说“王道”与“霸道”两个词，其实“王道”与“霸道”从古到今都是中国执政者所用的两个很重要的执政方法和手段。“王道”是指以道德感化为主要执政方式，是建立在“以德服人”哲学理念之上的管理形式。“霸道”是指以行使权力为主要的执政方式，是建立在“以力服人”基础上的管理形式。在历史上，无论是唐太宗李世民的“王道”执政方式还是秦始皇嬴政的“霸道”执政方式，都在一段时间内取得了使社会繁荣稳定的效果，但时间一长，两种执政方式都出了问题。历史证明，只有辩证地处理和应用好“王道”与“霸道”的关系，社会或组织才能长治久安。

关于“王道”与“霸道”，早在2000多年前孔子就有过这样的论述：“道之以政，齐之以刑，民免而无耻；道之以德，齐之以礼，有耻且格。”这句话的意思是，只用政令及刑罚来规范人民，人民就会只求免于刑罚，即使犯错，但只要没受到刑罚的处罚，心中就不会有羞耻感；用道德和礼数来管理和教化人民，人民就会从内心有羞耻感，从而自动自发地遵守社会规范。由此可见，以力服人的“霸道”虽然可以震慑组织内的成员，却不会达到使组织成员自动自发地工作的管理目的。只有以德服人的“王道”，才能最终感化组织内的成员并使其自觉遵守规章制度，从而达到管理的最终目标。这其实就是西方管理学说中的制度与文化的辩证关系的最早论述。

在中国历史长河中，涌现出许多伟大的管理大师，其管理的哲学理念与西方2000年后的理论如出一辙，不得不说我们古圣先贤的智慧已经超越了历史的时空。我们现在重拾古人的思想贝壳，就会有许多意外的惊喜和收获，就更能感知中国化管理的精髓和魅力。

现代西方管理学中对“制度”和“文化”的管理关系做了许多论述。在西方，许多制度很容易被人们接受并被执行下去，因为西方人有宗教信仰和契约精神。而在中国，只有好的制度才能被执行，坏的制度、不合理的制度，一开始就会被人们所诟病而无法执行下去。有个曾经流传甚广的管理故

不服！就是不服！
这次就别回去了，
反正过几天还得再来！
孟获
狱卒
对待这种人，就得用“霸道”
与“王道”结合的手段才能摆
平他！

事就证明了这一点。

一位管理学者在德国和中国各选了一个公用电话亭，在两边分别标上“男”“女”二字。德国人见到后很自然地男女分开使用，即使在一边排队一边空置的情况下，也绝不会去违例。在中国几乎所有的人都视若无睹，“男”“女”二字形同虚设。所以，在中国，制度一定要体现其合理性。不符合中国人思维习惯的制度就是再“霸道”也很难执行下去。中国神话中的玉皇大帝的天条也因为不合理而被孙悟空砸了个稀巴烂，引来一片叫好声。

中国有句古语叫“法不责众”，在中国“情、理、法”的传统文化氛围中，“王道”是最有效的管理方法，而“霸道”则应该建立在“王道”基础上。如果“霸道”超越了以德服人的理念，那么执政者再强硬，制度也会执行不下去，从而使其统治和管理的组织产生反抗，最终使这个组织无序化。三国时期诸葛亮七擒孟获的故事，就是“王道”与“霸道”的辩证关系最好的例子。诸葛亮用“霸道”七次擒住了孟获，但为了能让孟获自动自发地从内心归顺，所以诸葛亮又用“王道”之法放了孟获六次，终于用“霸道”与“王道”的结合使南方地区长治久安。从这个历史故事中，我们可以得到启发，没有“霸道”是不行的，但光靠“霸道”也不行，“王道”是管理的最高境界，道法自然、无为而治的管理主体就是“王道”。“霸道”也有其合理性，但合理的“霸道”

正像孔子所论述的，必须建立在“王道”基础上才能达到管理的效果。

就现代管理而言，“王道”就是文化的管理，“霸道”就是制度的管理，管理不仅要有科学合理的制度，而且还必须有符合这个组织特点的优秀文化。企业在规范约束员工行为的同时，应该给员工们留下自由发挥的空间，形成以德服人、以人为本的良好文化氛围，使员工自觉自愿地进行自我约束、自我规范并各司其职，这是科学制度贯彻的保证和前提。因此，“王道”是“霸道”的前提和保障。“王道”能带来员工自我激励、自我约束和自我协同的管理终极目标，而科学的“霸道”又是为“王道”服务必用的一个管理手段，没有合理的“霸道”，组织就陷入了无序的状态。

当下中国企业，“霸道”的制度建设已不是最大问题，但制度建设以后如何用人性的道德力量去执行并遵守，则是一个挑战。中国传统哲学思想的“王道”管理模式可以解决这一问题。中国传统文化是教人如何做人的管理方法。只有懂得如何做人，才能主动去遵守“霸道”管理制度，否则制度永远都只是写在纸面上的。

处理好“王道”与“霸道”的关系是企业管理的关键。掌握了“王道”与“霸道”的辩证法并合理应用，就找到了管理的本质。用“霸道”来规范员工的行为，用“王道”来内化员工的自我管理认知，就能达到“无为而治”的最高管理境界。“霸道”是西方科学的流程，“王道”是中国传统哲学的理念，两者的科学结合其实就是中国化管理模式的实质。

中国管理往事

29 从乔布斯与宋江看中西方管理哲学的不同

中国企业家在学习苹果公司创始人乔布斯时，总结了许多乔布斯管理企业的经验和特点，有人说乔布斯是一个伟大的管理者，有人说乔布斯是一个伟大的创新者，也有人说乔布斯是一个伟大的企业家，用这些溢美之词形容一个伟大公司的开创者并不过分，而在中国人的理念中本就有“成王败寇”的说法，一旦某人成功，各种赞美之词恨不得全部用上，但事实上乔布斯的确不是一个伟大的管理大师，也并不像人们所说的是一个精通管理的企业家。乔布斯只是一个伟大的艺术家和伟大的科技工程师，因为乔布斯人生大部分的时间都用在了产品开发和创新上，我们看到他在病入膏肓之际，还在参加新产品的推荐会，并亲自把新产品的性能和亮点介绍给全世界的客户。在管理事务上，乔布斯很少费心，但他作为公司的CEO，不管理公司能行吗？像中国公司，其实企业家的大部分时间用于开会、谈心、布局，每天很忙，但都是疲于应付管理的一些具体事务，在中国还看不到一个能把精力都用于科技创新的企业家把企业搞成功的例子。为什么乔布斯可以把精力全部用到产品的研发和技术上，而不用管理企业呢？因为苹果公司根本不需要乔布斯管理，外部健全的法律环境和人文环境给苹果公司提供了一个良好的、平等的、公平的商业平台。乔布斯不需要拉关系，因为内部是清晰的、完善的产权制度；不需要与员工谈心，因为公司是大家的；更不需要与员工谈精神、谈理想和谈感情。他把精力全部放在公司的发展和产品的开发上，这样才最终造就了他。假如把乔布斯放在中国，他肯定成了谈心高手、应酬高手和开会高手，如果不是那样，他会被高层架空，被员工出卖，被组织误解，被客户抛弃，他也就不会成为乔布斯了。

从某种意义上说，要成就伟大的企业和伟大的企业家，一定要建立公平正义的法律环境，一定要建立产权清晰的真正的现代企业制度，只有这样，中国的企业才能真正走向强大，中国的强国梦才能真正实现。我们从中国的历史看，其实中国古代的商业活动从规模与数量上讲，一直走在世界的前列，然而为什么中国出不了伟大的企业家？在中国古代，市场经济为什么不能有大的发展？因为集市贸易要上升为市

宋头领，搞管理不能只靠兄弟情义和江湖文化，送您本书看看吧！
梁山头领之位
管理专家
现代企业制度管理

场经济，最关键的在于组织的强大与制度对利益的绝对保证。杜绝人情和江湖文化而建立真正的现代企业制度仍然是中国企业要做的事情。

中国古代四大名著之一《水浒传》里的一百单八将能够聚在一起，从某种意义上讲很像中国目前一些公司的现状。一百单八将之所以聚在一起，很大程度上讲是官逼民反，但更重要的是大家出于一个“义”字。从七位好汉劫了“生辰纲”上梁山的晁盖时代开始，讲究的是“聚义”，强调的是“兄弟之义”，在这里，义其实是一种“准血缘关系”的合作方式，这种合作方式有时甚至超过血缘关系，这是儒家文化的典型代表。《三国演义》中的刘关张“三结义”也是这种文化的体现。所谓“聚义”，讲的就是大家以兄弟相称，组织中的“大哥”便是领导，然后以“兄弟的大哥也是我大哥”的逻辑，来依次实现组织管理的权力分配。在获得财富后，是大家人人有份，没有一个分配的原则，一切以忠义为出发点，在排座次时也是体现了这种义气文化，并没有制定一个总的原则和标准。在制定分配机制上，也没有清楚和明晰的界定，财富既是大家的，也不是大家的。也没有统一的愿景，有的就是能吃饱饭，躲避犯下的官司；有的是引起朝廷的注意，等待招安；有的是想当王侯将相。这种以义为纽带的制度体系其实一直充斥在中国企业中。因为义气，一个组织在一定范围内也可以减少交易费用，但前提是在相对封闭的“熟人环境”中，如果随着企业的扩大，一些生人进来，这种以“义”为前提的交易就会出现问题。比如杨志在攻击晁盖等人杀富济贫的时候就质疑：“你们劫的十万贯是如何分的，不就是在几个兄弟之间分吗？分给天下穷人了吗？”凭心交易，论功行赏，这样的江湖文化的好处是简单与高效，但最大的问题就是只适应于创业的几个兄弟们之间。

正是由于准血缘的兄弟结义体系的影响，中国商业活动中才建立不起现代企业制度。这是因为我们找到了另一种减少交易费用的手段，大家都是兄弟，这就是江湖文化的特色，对生人讲制度，但对兄弟、圈子中的熟人就要讲情义了。“兄弟之间”谈钱，那不就见外了吗？这是一方面，利益冲突是客观存在的，万一真出现矛盾的时候如何办？解决的方法是“能人政治”，人们需要一个懂得江湖潜规则的“及时雨”来解决江湖纷争，而老大解决问题的方式也非常简单，那就是“义字当头”，只不过这种“义”是局限于兄弟范围的，为了兄弟可以牺牲其他人的利益，以情感与道德替代规则，独裁便产生了。从情义开始，到独裁结束，一部《水浒传》也讲清了中国组织与制度深化的逻辑主线。

按照产权经济学的研究，制度是减少经济活动中交易费用的一种手段，现代企业制度就是适应更高级、更复杂的经济活动的产物。美国著名经济学家科斯在1959年提出了一个命题：“清楚的产权界定是市场交易的前提。”我们现在的大部分民营企业仍然在延续着兄弟情义的江湖文化。大部分企业没有实行现代企业制度，没有明晰的产权界定，也没有严格符合现代企业管理的组织机构和制度，只靠自己的权威和独裁，以论功行赏的江湖方法管理企业，这样的企业怎能长久，怎能成为下一个苹果公司呢？

我们很多民营企业在创业初期，用“义”来凝聚人心，取得了很大成功，在相当多的企业家心中，最好的组织方式仍然是“义”，最好的制度设计仍然是“有福同享，有难同当”，我们不能否认以义为纽带的管理的作用，但当企业发展到一定阶段后，光靠以义气为核心的江湖文化已不能适应企业的发展了，我们必须建立现代企业制度。现代企业制度是建立在另外一种逻辑之上的，那就是尊重人格独立与个人利益，并以此为基础来设计组织与制度。企业只有拥有健全的组织和制度，才能有效地降低交易成本，只有拥有清晰的企业产权制度，才能彻底走出企业人心向背的泥潭，所以现阶段中国企业面临的不是挣钱不挣钱的问题，而是企业家自身能不能悟到“企业是社会的，是大众的”这一看似简单但很难让他们接受的命题。只有企业家真正悟到了这一哲学命题，企业才具备了建立现代企业制度的基础，但无论企业家悟到与否，如果这个企业没有清晰的产权和科学的组织制度，那么无论聘请什么能人，这个企业都不会走远的。

中国管理往事

30
苏东坡以《日喻》道出中国管理哲学

中国企业家都会面临一个重大课题，即面对名目繁多的管理学书籍，该如何进行选择，管理的大道究竟是什么？面对纷繁复杂的管理事务，如何找到适合自己企业的行之有效的管理方法。翻阅近代管理学史，只有西方的管理科学和日式管理科学，并没有中国自己的管理学。图书馆和书店的书架上只是德鲁克、彼得、泰勒、法约尔、松下幸之助等西方管理学家和日本企业家的管理理论书籍，一本中国化的书籍都没有，所以大多中国企业家只能把这些外来的管理理论作为自己企业的管理指导理论，结果发现在管理实践中，这些西方的管理理论并不完全适合中国的企业和中国的员工。原因很简单，中西方的文化不同，管理方法必然也有所不同。

不一样的文化土壤必然会培育出不一样的管理模式。中国从几千年前的氏族时代开始就构建起了独特的管理方式。传说中的尧、舜、禹三大君主都因为他们顺应中华民族的深层心理来管理教化民众而成为中国几千年来被传颂效仿的杰出管理者。

中华民族是一个传统的农业民族，农业社会靠天吃饭，人们敬仰天地，天地不但被赋予了抚育万物、奉养人类的属性，也逐渐被赋予了道德比类与审美观赏的属性。人们不但向天地学习如何做人，也将天地看作拥有最高权威的、默默无言的管理者。中国人把天地对人类的管理思考总结应用于人与人之间的管理中去。这些在洪荒时期便播种在中国人身上的文化基因代代相传，在今天也难以改变。自古以来，中国的管理者都要顺应这些文化基因来进行管理，否则不但达不到管理目的，甚至还会自取灭亡。

虽然不可否认，近代管理思想源于西方，西方 100 多年前就产生了一套体系严密的管理理论，但西方的管理学是一种追求标准化、制度化的科学，有着注重逻辑、崇尚实证的理性精神，而这种精神正是建立在西方独特的文化土壤上的，从古希腊时代开始，西方就脱离了血缘纽带与农业社会形态，进入城邦文明，形成契约化与法制化的社会，近代资本主义社会更是引入工业社会与民主政治的模式，在此基础之上，构建成了现代管理体制。而中国的传统文化与西方截然不同，中国社会几千年来是血缘宗法制的社会，靠人伦道德而非法律来维系，在一个相对稳定、有血缘关系以及其他关系为纽带的圈子里，人情关系甚至超越了契约关系。在中国人骨子里办事首先要有情感，然后是合理性，最后才归于是否合法，中国人讲的是“情”“理”“法”并重，因此单纯应用西方崇尚理性和规范的制度化管理理论显然不适应中国企业。

我们不可否认近100年中国更多的是学习运用西方式管理，对中国传统哲学智慧的反思和整理非常少。中国的传统管理理念与整个国学一道，被作为封建中国落后的罪魁祸首加以批判，孔孟之道也受到粗暴的排斥。古代帝王的治国之道被看作是封建统治阶级愚弄人民的手段而被鄙弃，近代曾经辉煌的儒商被看作历史悲剧而尘封。一批又一批的政府官员与企业领导出国学习，回来便都大刀阔斧地根据西方模式和经验进行改革，对于自己老祖宗的经验不屑一顾，而现在许多问题正在慢慢显露，经济发展中忽视了人的存在，盲目追求冰冷的GDP数字，自然环境沦为牺牲品，社会发展不均衡的矛盾日益突出，物质生活日益丰富的同时人们却遭遇了前所未有的精神危机，幸福感越来越低。

中国企业普遍短命也是近年来被广泛关注的现实，有关资料显示，中国企业的平均生命周期仅为2.5年，不及发达国家的四分之一，每天中国都有成千上万家企业倒闭。这固然有多方面的原因，但没有找到有中国特色的管理理论是其中之一。以中国目前的市场经济、社会文化发展状况来看，盲目推行西方管理经验必然是不明智的选择。管理好一个由中国人组成的大企业，我们不能否认必须要有规范的西方科学管理流程，因为没有规矩就不成方圆，现代化企业科学的分工是必须的。不过，科学的流程和规范的制度虽然能提高企业的效率，但光有这些显然是远远不够的。比如富士康的制度化、流程化管理堪称西方科学管理的典范，然而为什么接连发生员工跳楼事件？可见，西方硬碰硬的管理模式并不完全适合中国本土企业。西方管理模式虽然很科学，但也有它的短板。中国人重感情，重道义，突然面对西方冰冷严格、对事不对人的管理制度，会有相当长的一段时间才能适应，因此也就必然会造成管理者与被管理者关系紧张，从而影响企业的运作。因此，中国的现代化在学习西方的同时，必须要从中国传统哲学智慧中寻找适合中国企业的中国化管理方法。

当然，中国传统哲学智慧并不是具体的管理技巧与策略，而首先是一种宇宙之道与人生智慧。《周易》上说“形而上者谓之道，形而下者谓之器”，中国传统哲学智慧与西方管理科学可谓是一种道器关系。西方的科学流程化管理只是管理中“器”的部分，而中国传统哲学智慧才是管理中的“道”。在管理中不能没有“器”，没有“器”，管理就成了空中楼阁，但光有“器”也不行，必须要有“道”的管理思维和理

形而上者谓之道
形而下者谓之器
西方科学
管理流程
中国人文
思想理念

念，只有懂得管理之“道”，才能用好管理之“器”。从某种意义上讲，管理之“道”比管理之“器”更加重要。我们在研究国外的管理思想时，不论是西方的还是日式的，它的理论来源都是中国的哲学思想。无论是德鲁克的任务、责任、实践的管理理论，波特的差异竞争论，哈默尔的核心竞争力理论，还是明茨伯格的“战略和经理人角色”及科特的“领导与变革”，归根到底都只不过是一些管理方法和手段而已，这些手段和方法，在浩瀚的中国传统哲学中都能找到与它们几乎一致的管理理论——中国的哲学思想是世界管理学的源头活水。

西方管理学家所论述的管理的实质其实就是中国传统哲学讲的“内圣外王”的哲学之道。管理于人而言无外乎就是“管好自己和管好别人”，于企业这个组织而言就是“能形成产业，对外成为某一领域的引领者”，也就是要做到“内圣”和“外王”。西方用了一大堆词语解释什么是管理，可我们的老祖宗用4个字就把管理解释清楚了，这4个字就是“修己安人”。西方管理学者用一大堆词汇来论述企业愿景，其实我们的古人也只用4个字就把它说得很清楚了，这4个字就是“内圣外王”。想一想，做企业能达到“内圣外王”的愿景，这个企业肯定是一个伟大的企业。西方管理学者论述的实现管理过程的各种理论，《四书》中的《大学》就已概括了它们的全部。要实现“内圣外王”这一终极管理目标，西方管理大师认为要确定战略，分解任务，明确责任，重视实践，并视其为必不可少的过程，其实我们的古圣先贤在《大学》里论述得更加具体和详细，《大学》中就如何实现“内圣外王”明确地提出了“三大要素”和“八大纲领”。《大学》里讲：“大学之道，在明明德，在亲民，在止于至善。知止而后有定，定而后能静，静而后能安，安而后能虑，虑而后能得。物有本末，事有终始，知所先后，则近道矣。古之欲明明德于天下者，先治其国；欲治其国者，先齐其家；欲齐其家者，先修其身；欲修其身者，先正其心；欲正其心者，先诚其意；欲诚其意者，先致其知；致知在格物。物格而后知至，知至而后意诚，意诚而后心正，心正而后身修，身修而后家齐，家齐而后国治，国治而后天下平。” 我们从中可总结出管理要做到“明德、亲民和止于至善”这“三大要素”以及“格物、致知、诚意、正心、修身、齐家、治国和平天下”这八大纲领。这“三大要素”和“八大纲领”与西方管理大师的管理理论异曲同工，甚至比他们论述得更加科学。一个企业和企业家必须要做到明明德、亲民和止于至善，只有做到这三点，这个企业才能基业长青，受人尊重，这个企业家才能成为成功的企业家。因此可以说，一部《大学》就是一部管理学经典。

西方人从中国古代智慧中寻求管理的救世良方并非始于今日。早在 17 世纪，西方管理学者就已意识到管理学离不开中国智慧，他们便回过头来，求助于东方智慧。17 世纪末，来到中国的意大利人利玛窦用拉丁文翻译的《四书》在法国出版，于是孔子思想在欧洲各国知识分子中间流行开来。当时有“欧洲孔子”之称的魁奈和法国启蒙运动领袖伏尔泰，都把孔子的画像供奉在自家的礼拜堂里。依照美国汉学家顾立雅的说法，“孔子成了18世纪启蒙学者们的守护神”。

与儒家经典相比，《道德经》《孙子兵法》因其实用性更受欢迎。美国著名管理学家乔治在《管理思想史》中强调：“你想成为管理人才吗？必须去读《孙子兵法》。”被誉为日本“经营之神”的松下幸之助在回答“你的经营秘诀是什么？”时强调：“我并没有什么秘诀，我经营的唯一方法是经常顺应自然的法则去做事。”松下幸之助的这种理念实际上就是老子“无为而治，道法自然”的哲学思想。《孙子兵法》也同样受到军事界的厚爱，早在20世纪70年代末，《孙子兵法》就被西点军校列为教学参考书。第一次海湾战争期间《洛杉矶时报》记者采访时任美国总统的老布什时，发现其办公桌上摆着两本书：一本是《恺撒传》，另一本就是《孙子兵法》。

纵观中西方的成功企业，它们在管理上都离不开中国传统哲学智慧，即使是没有专门研究过中国传统哲学，也是异曲同工地应用了中国传统哲学智慧。著名企业家李嘉诚在谈到“企业管理理念是什么”时说：“我的管理理念是把流畅的中国传统哲学思维模式与西方理性的科学管理相结合。”通用汽车公司前CEO杰克·韦尔奇说过：“你简直无法想象让人们变得简单是一件多么困难的事情，他们恐惧简单，唯恐一旦自己变得简单就会被人说头脑简单。而现实中事实正相反，那些思路清晰、坚韧不拔、有能力、有成就的人们正是最简单的人！”他这一理念的源泉也是来源于中国传统文化中“大道至简”的哲学思想。

就在国外的管理者争相学习中国的传统文化和管理智慧时，我们的企业家却对自己的文化瑰宝视而不见，其实只是缺乏自信和盲目崇洋媚外罢了。在西方管理理念盛行的当下社会，如何重建民族文化自信，把中国几千年传承下来的优秀哲学思维模式加入到企业管理中，在现代化的管理体系中运用传统文化的领导谋略，达成“中学为体，西学为用”的中国式管理模式，成为新世纪中国企业家和管理咨询界要解决的首要问题。

中国传统哲学智慧就是中国企业家管理企业的“道”，而西方的管理科学是管理的“器”，我们把管理之“器”与管理之“道”相结合的管理模式叫作中国化管理。中国化管理模式就是根据中国社会的特点、中国企业的具体情况，把中国几千年传承下来的优秀哲学思维模式加入到企业管理中去，用中国人的哲学思想来管理中国人，从而使中国企业在扬弃的理念下更好地消化和吸收西方科学的管理模式。中国传统文化中“仁爱忠恕”的伦理情操，“内圣外王”的处世风范，“以财发身”的商业法则，“上善若水”的生命智慧，“知行合一”的心智修炼和“明心见性”的自我超越等，不仅让中国的企业家学会使用管理之器，更使中国的企业家在体会和学习中国传统哲学智慧中领会管理之道。

正所谓大道至简，管理过程看似复杂，但如果我们掌握了管理的本质，这个过程就会变得很简单，而中国传统智慧是开启管理实质的钥匙。

北宋大文豪苏轼既强调技的作用，又关注道的统率作用：他曾举过一个例子，说的是南方善潜水者的技巧得自于长期的练习，掌握了潜水之道后能够熟悉水性，出入自如。他在《日喻》中写道：“南方多没人，日与水居也。七岁而能涉，十岁而能浮，十五而能没矣。夫没者岂苟然哉？必将有得于水之道者。”一个事物，道是其主体。管理也如此，道不外求，当我们盲目崇拜和学习外国管理理念及方法时，不妨回过头来学习一下中国化管理思想，只有中国化管理才能真正把制度流程与中国人文管理相结合，才能适应中国本土企业的人文环境，才能使中国企业家从简单地向西方学习的工匠蜕变为熟谙管理哲学的大师，才能让中国企业建立起有能力进行持续性革新的有活力的组织架构。

以中国传统哲学智慧为核心的中国化管理的理论实践和探索，为中国管理理论能够在世界管理学中占有一席之地提供了可能，我们应该在这条路上大胆实践下去，并总结出相关的理论体系，这恐怕是中国企业家和管理学者最崇高的使命和责任了。

中国管理往事

31

明朝的灭亡源于管理的“破窗效应”

中国的哲学之源《易经》一书，大篇幅地揭示了注重事物微小变化的重要性。因为看似精微之事，往往会带来不可预测的重大结果。《易经》里坤卦的第一爻讲到，履霜的结果就导致坚冰的到来，告诫人们要防微杜渐和知几察微。在《易经》六十四卦里，有十几卦在讲因为没有注意一个事物的微小变化而导致悔亡结果的哲理，中国古语“千里之堤，毁于蚁穴”说的也是这个道理。在中国历史上，由于一个小的事件而影响整个国家的案例很多。例如，明朝的灭亡固然有多种因素，但撤销驿站的决策却加速了它的灭亡，因为驿站是军队化编制，撤销驿站使几万军人下岗，于是作为其中一员的李自成很快组建了一支反明大军，直接导致了明王朝

真是墙倒众人推呀！
大明王朝

的灭亡。

所以，在企业管理中一定要做到精细化管理，不要忽视任何一个细节，否则最终可能会导致重大不良后果，这就像一幢有少许破窗的建筑，如果那些破窗不被及时修理好，就会让人误解这是一个无人管理的废楼，它的其他窗户也会被人破坏，最终人们甚至会闯入建筑内，如果发现无人居住，也许就在那里定居或者纵火，这就是著名的“破窗效应”。

美国斯坦福大学心理学家菲利普·辛巴杜于 1969 年进行了一项实验，他找来两辆一模一样的汽车，把其中一辆停在加州帕洛阿尔托的中产阶级社区，而另一辆则停在相对杂乱的纽约布朗克斯区。停在布朗克斯的那辆，他把车牌摘掉，把顶棚打开，结果当天就被偷走了；而放在帕洛阿尔托的那一辆，一个星期也无人理睬，后来，辛巴杜用锤子把这辆车的玻璃敲了个大洞，结果仅仅过了几个小时它就不见了。“破窗效应”理论就是以这项实验为基础，由政治学家威尔逊和犯罪学家凯琳提出的。

在一个组织中，如果对于违反公司制度的一些小的行为视而不见，没有进行及时纠正，就会使员工类似的行为再次甚至多次重复发生，久而久之就会导致制度化建设在企业管理中的弱化，员工就会对于刚性制度变得淡漠起来，结果这个企业就会变得没有章法，这样就会导致管理细节出现问题，细节一出问题，这个企业很可能垮掉，因为细节决定成败。

中国早期破产倒闭的企业中，很多都是因一个微小的管理环节出现问题而导致企业倒闭的。南京冠生园食品厂就是由于没有严格把控采购关，结果月饼中有一些原料是陈年旧馅而导致了企业的关门。海尔早期的 OEC 管理就是基于“破窗理论”。“日清日毕”就是让员工必须当天处理好当天的事务，并且把没处理好的事务公布出来，用以警示员工下不为例，不让一扇破窗过夜。在日本，有一种被称作“红牌作战”的质量管理活动。日本的企业将有油污、不清洁的设备贴上具有警示意义的“红牌”，将藏污纳垢的办公室和车间死角也贴上“红牌”，以促其迅速改观，从而使工作场所清洁整齐，营造出一个舒爽有序的工作氛围。在这样一种积极暗示下，久而久之，人人都遵守规则，认真工作。实践证明，这种工作环境的整洁对于保障企业的产品质量起到了非常重要的作用。

我们现在许多企业家在管理上往往忽视一些小的细节，比如公司的环境卫生、员工的文明用语等，这些看似微小的事情却可能带来许多负面效应。一个脏乱差的食品公司不可能让人相信它的食品是卫生合格的，一个不讲究文明用语的公司，也不可能成为一流的服务企业。在我们的社会管理中，“破窗理论”也给我们带来很多有益的启示，纽约市交通警察局长布拉顿就受到了“破窗理论”的启发而扭转了地铁的治安环境。

纽约的地铁被认为是“可以为所欲为的、无法无天的场所”，针对纽约地铁犯罪率的飙升，布拉顿采取的措施是号召所有的交警认真推进有关“生活质量”的法律，他以“破窗理论”为师，虽然地铁站的重大刑事案不断增加，他却全力打击逃票。结果发现，每7名逃票者中，就有1名是通缉犯；每20名逃票者中，就有1名携带凶器。结果，从抓逃票开始，地铁站的犯罪率竟然大幅下降，治安好转。从打击逃票的小细节入手，布拉顿就解决了地铁治安的问题。一个社会的小奸小恶正是暴力犯罪的温床，因为这些事情看似微小，其实却影响甚大。因此我们的管理者应该从小事入手，解决一些看似无关轻重的小事，这会大大降低行政管理成本，这也是我们的党和政府提出的“民生无小事”的管理依据。

从“破窗效应”中，我们可以发现这样一个道理：任何一种不良现象的存在，都在传递着一种信息，这种信息会导致不良现象的无限扩展，同时必须高度警觉那些看起来是偶然的、个别的、轻微的过错，如果对这种行为不闻不问、熟视无睹、反应迟钝或纠正不力，就会纵容更多的人“去打烂更多的窗户玻璃”，就极有可能演变成“千里之堤，溃于蚁穴”的恶果。

中国管理往事

32 “职业经理人”雷履泰为何能使日升昌汇通天下

“文化”一词源于《易经》中的“观乎人文，以化天下”，这是“文化”的最早解读。“文化”其实是由名词“文”和动词“化”两个不同的词组成，所以才会被后人解读为“以文化人”，文化落实到企业就叫企业文化。其实，中国有商业史以来就不缺企业文化，那时候不叫企业文化这个词，而叫商业精神。讲商业精神或企业文化，一定离不开本民族的人文传统，否则文化就很难永续传承。中国千百年来的商业精神其实都在“仁义礼智信”五个字中尽情演绎着，万变不离其宗，而在当代中国企业中，真正能有“仁义礼智信”商业精神的企业却寥寥无几，在这五个字中，“信”是其他商业精神的最终归属，也是企业赖以发展和生存的根本。当代中国企业与当代社会的通病之一就是没有构建起“诚信”的商业精神和道德体系。社会的种种乱象和企业的种种危机很大程度上都是因缺乏“诚信”造成的，我们在建设企业文化时有时会脱离中国人文精神传统而去追求一些假、大、空的理念，“第一、大、特、独有”等词汇经常被企业家挂在嘴边，结果把企业和做人的根本都忘了。无论是因在所产奶粉中加入三聚氰胺而倒下的三鹿集团，还是备受社会所诟病的其他一些企业，很多都是因为没有建立起“信”的经营观和价值观而导致的结果。

我们在构建企业文化时，由于制度的局限，往往演绎成企业家文化，而企业家文化有时并不是企业家的意思表达，而是企业家身边谄媚之人的思想体现，于是企业文化在传播中有时会被没有文化的执行者曲解，甚至演变为公司内部政治斗争的工具，失信于团队，失信于股东，失信于客户。长此以往，企业就会丧失其原有的核心竞争力，所以说，失信文化流行于企业内部，对企业造成的伤害很大。

在中国，文化以人为本，商人以信为本，企业要想做大和做强，不讲“信”是不行的。“仁义礼智”必须坚守，而又以“信”为至尊，商人必须一诺千金。

诚信伦理是中华民族的传统美德，也是企业的道德基础。在企业价值观的塑造中，“诚”是企业聚心之魂，“信”是企业立足之本，诚信理念是中国化企业文化建设的重点，也

我也愿意合作!
合作
合作
我正是看上了他的诚信，才与他合作。
诚信换来利润!
诚信
利润

是企业生存的根本。我国古有“无信不立”之说，在《论语》中孔子也说“人无信不立”“人而无信，不知其可也”。诚信是企业道德经营的必备要义。儒家常讲正心、修身、齐家、治国、平天下，它的先决条件就是诚信。

诚信是我国传统的商业道德。早在战国时，对商业活动就有“市价不二，国中无伪”的要求。在商业发达的明清之际，商家无不标榜诚信，大都“以儒道经商”。晋商与徽商就是中国古代以诚信经商势力最大的两股商业力量。梁启超说，“晋商笃守信用”，徽商亦“贾而好儒”，能够“以诚待人，以信接物”。良好的信用文化成了商家们的成功之道。“日升昌”票号的经营者雷履泰尊崇“诚信为先，利润为后”的商业道德。诚信不仅是商业经营的手段，也是目的。当时以“日升昌”为代表的山西票号并没有政府信用作为依托，也没有完善的法律进行保障。山西票号的经营者清楚地知道，要从事异地存取兑换这样的金融业务，离不开“诚信”二字。诚信对于票号至关重要。以诚动人，以信服人，商业行为只有依靠诚信的道德支撑才能持久，才能真正立于不败之地。基于这种理念，在山西票号的历史上，极少出现欺诈事件。经过几十年的岁月，一张尘封久远的票据不因票号物是人非和濒临倒闭而放弃兑现的承诺，成为被传为诚信典范的佳话。诚信是现代企业的黄金品牌。时至今日，许多知名企业已经认识到“诚信”的重要性。海尔的高层管理者将不合格的冰箱砸掉，就是要实现对市场、对消费者的承诺——“决不让一件不合格的海尔冰箱流向市场”。“诚信”是品牌，也是无形资产。国际上许多大企业都很重视诚信。比如，IBM 把诚实作为企业的座右铭，松下公司把“赢得人们的信任”作为企业的价值观，诺基亚把“科技以人为本”作为自己诚信的实质。

企业诚信是企业在市场经济中取得成功的基础。企业诚信是指企业在市场经济的一切活动中要遵纪守法、诚实守信，并以此赢得消费者的信任，是企业确立价值观、建设企业文化首要的任务。企业“诚信缺失”危害很大，企业诚信缺失影响企业自身的可持续发展，甚至许多中国企业经过多年的发展，因为诚信缺失，致使企业品牌一夜倒塌。作为全球五大会计师事务所之一的安达信和三鹿就是最好的明证。确立以诚信为核心的企业价值观是企业基业长青最基本的保证。

美国著名管理学家沙因在《企业文化生存指南》一书中指出：“大量案例证明，在企业发展的不同阶段，企业文化再造是推动企业前进的原动力，但诚信作为核心价值观是万古长存的，它是企业文化与企业核心竞争力的基石。”中国传统文化中的诚信观念已深入人心，对其再赋新意，让其再植灵根，对确立以诚信为核心的企业价值观是大有好处的。培育以诚信为核心的企业道德规范和开展企业诚信文化建设是企业文化建设的重中之重。

以信为本的企业文化并不回避“利”，商人讲文化而不言利，这是商人的虚伪。从商者，可自我冠名为儒商、仁商、德商等，都是反商业文化的混合概念，混淆了社会人文与商业文化的差别。商人逐利乃天经地义，亚当•斯密写了两本书，一本是《国富论》，另一本是《道德情操论》，前者解读财富的性质和起源，以及理性经济人的行为；后者诠释社会人的道德情操，解读了理性自然人的行为。企业文化若绝口不言“利”，不仅漠视了资本家的逐利天性，而且违背了企业家的诚信准则，看似高雅智慧，其实虚伪愚蠢，但在商业文化中，“信”一定要高于“利”。处理好“利”与“信”的关系很重要，没有“信”的“利”是不义之财，是不能长久的，企业文化建设也要阐明“利”与“信”的关系。

总之，当代中国企业在建设企业文化中一定要走中国化道路，一定要把“以信为本”放在首位。